薩‧所‧羅‧蘭
精神分析的人間條件叢書10

一顆石子有著微心大義，那麼精神分析是人造大自然嗎？

郭淑惠、陳瑞君、陳建佑、
王盈彬、黃守宏、劉玉文、
劉又銘、張博健、王慈襄、
白芮瑜、彭明雅、蔡榮裕
／合著

是那無法被再生的，沒有和平
沒有領土的小死亡的碎片：
一塊骨頭，一陣在自己體內死去的教堂鐘聲。
我解下碘酒的繃帶，把我的手探進
那正摧殺著死亡的不幸的疼痛，
而我什麼也沒碰到，除了自靈魂的隙縫
溜進來的一陣風。

（聶魯達，馬祖匹祖高地，陳黎、張芬齡 譯。）

  一顆石子有著微心大義，那麼精神分析是人造大自然嗎？

序
這是我們量力而為的某種成果

蔡榮裕

　　薩所羅蘭在2023年，有五場「以文會友」的研討會，目的是和不同的朋友們，以內部不對外公開的方式，讓我們可以更自由的交換想法。

　　本書是今年第一場的成果，我們於2023.01.15和[薩所羅蘭的風]年輕心理師朋友對談，有著不同世代共同消化一些想法，然後以自個兒的想法表達出來。我們覺得這是很重要的，留住當代和我們的聲音與想法的重要方式。

　　我們的形式是這樣，以資深的[薩所羅蘭的山]的朋友，做主要論文的報告者，而邀請年輕的[薩所羅蘭的風]做與談人。我們都在研討會之前，就已經完成文字的書寫，也請與談的朋友們先寫些自己的想法與評論，這些文字構成這本書的內容。

　　另，我們除了選擇精神分析的文章外，也和其它學門的文本做對話。例如這本書就是以小說《地海巫

師》做為對話的對象，但我們不是只要以精神分析論點來分析小說，更是想從選定的小說裡，尋找可以幫助我們說明精神分析理論，或某些臨床現象的情節或概念。如同當年佛洛伊德，嘗試從文學、戲劇、醫學等獲取概念，來補充說明潛意識的內容。

這是長路，這本書是我們的想法和做法的見證，很高興和我們一起對話的[薩所羅蘭的風]的年輕朋友們，經由他們年輕世代的不同語彙，來談論相同的文本，我相信以後來看，會更顯示出它的價值，因為我們主張，持續需要有新的語言，來灌溉精神分析已有的概念。這更是精神分析能夠在地化，長長久久的重要方式，我們很高興可以貢獻一些力量，這本書是我們量力而為的成果。

一顆石子有著微心大義，那麼精神分析是人造大自然嗎？

前言

　　我們來想像，我們是探險的隊伍。我們有著《地海巫師》和《文化經驗的所在》的文字當地圖，要出發尋找更多對於心理事物現象的名稱，來幫助我們了解這兩篇文字裡的微言大義，或祕密的大自然法則和文化的經驗。

　　我們先在大樹下的一顆石頭上，看見這首陰刻在石頭上，卻被青苔長出的字句，「我植物般的愛會不斷生長／比帝國還要遼闊，還要緩慢（My vegetable love should grow/Vaster than empires, and more slow）（吳明益譯，Andrew Marvell，〈致羞赧的情人〉("To His Coy Mistress")）。」

　　我們一路走在有限的知識裡，尋找如有著真名的真我。

　　如果大自然造化出來的一顆石子的存在，都有著它的微心大義，那麼精神分析是人造的大自然嗎？我們如何認識這個人造大自然裡，每個字裡的文化呢？雖然它們原本是要描繪那些說話之外、在字裡行間的

微言，只是我們無從知道，它們是否就有著大義。

　　或者精神分析只是一套幻術，但因為被審慎的對待和聆聽，讓它可以在無名的心理世界裡，等待機會發現更多的名字，可以施展身心裡深層的生態學，當心花朵朵開時，仍需要留意寧靜的孤寂所引發的恐懼。那裡有生態學家、心理學家、人類學家、也有通曉造風、求雨、召雲、喚霧的法師，在觀察恐懼時，建構太古史與嬰兒史裡，愛的步伐是否太過於緩慢？

　　讓我們天馬行空，想像和談論，地海巫師的幻術和精神分析的奧密，不必受制於精神分析的理論，而是召喚我們內心的資源，想像精神分析的無窮幻想，和眼前可見的限制和侷限。

一顆石子有著微心大義，那麼精神分析是人造大自然嗎？

目錄
CONTENTS

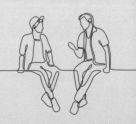

第一章

造霧：因為他需要他自己的名字！

郭淑惠

　　《地海巫師》一書的前半段敘述著年輕的巫師學徒格得（Ged），小時候如何受到法術啟蒙，後來接受師父歐吉安（Ogion）培訓，接著到巫師學院學習魔法的過程。作者娥蘇拉・勒瑰恩（Ursula K. Le Guin）創建的地海世界，是個由海洋和島嶼、人和龍族構成的奇幻世界，魔法是這個世界運行的動力。萬物皆有真名，而當知曉了某物／人之真名，便能成為其主人。巫師握有改變世界的力量，卻也需要維護整個世界的平衡。

　　本文將聚焦探討主角少年雀鷹的法術啟蒙及第一次便運用造霧法術保護村庄的片段，藉著精神分析的觀點，對於文本進一步思考。

如野草般長大

　　「雀鷹法師在世時已被大家尊稱為龍主暨大法師。……法師的乳名叫達尼，是母親取的。這個乳

名，以及他的生命，是母親所給予的全部，因爲母親在他一歲時就過世了。他父親是村裡的銅匠，嚴厲寡語。達尼有六個哥哥……家裡沒人能溫柔慈愛地將這么兒帶大。……達尼如野草般長大，個兒高，嗓門大，動作敏捷，驕縱而暴躁。」（地海巫師，蔡美玲譯，木馬文化。以下同這版本。）

怎樣的家庭環境會讓一個孩子如野草般長大？達尼，一歲喪母及家中父兄沒人可以慈愛地帶大他，他如野草般長大。

「嬰兒在生命早期發展，是藉由他和母親的關係與世界發生關聯並且攝入它，母親成爲嬰兒全部的世界。嬰兒透過感官經驗來體驗到自己被愛，單純地將乳頭含在嘴裡，被溫暖的臂膀環抱著，聽著母親的聲音，在她的眼睛的關注中被安撫，內在能維持一個凝聚、有個好在內在中心，即使母親有時不好，嬰兒也能暫時維持在這種感覺。一歲前達尼的母親陪伴若是好的經驗，但母親過世無法陪在身邊，這種好客體的突然消失是受苦的經驗。好的經驗不足，痛苦與挫折的衝擊太久，化成爲一種感覺，覺得自己內在具有不好的、會主動迫害的事物存在。」（Margot Waddell，內在生命：精神分析與人格發展，林靖

一顆石子有著微心大義，那麼精神分析是人造大自然嗎？

玉、呂煦宗譯，五南出版）。

　　溫尼考特（1967）指出小嬰兒最初的情感發展階段，環境扮演了重要角色，「我」與「非我」的分離是慢慢才發生的。他描述環境有三個功能：扶持（Holding）、照顧（Handling）以及客體在場感（Object-presenting）。「在個人的情感發展上，母親的臉是鏡子的前身。」（遊戲與現實，朱恩伶譯，心靈工坊）。「小嬰兒望著母親的臉時，通常看見自己，藉著母親這面鏡子，開始與這個世界進行有意義的交流，這是雙向溝通的過程，嬰兒也藉由眼中看到世界來發現意義與豐富自我。」（遊戲與現實，同上）。溫尼考特認為在個體身上有一個歷史過程，這過程依賴被看到：

　　「當我注視的時候，我也被看見了，所以我存在。

　　現在，我有辦法注視和觀看了。

　　現在，我用有創造力的方式注視，我所統覺的我也感知。

　　事實上，我小心翼翼不去觀看那裡看不到的事物（除非我累了）。」

（遊戲與現實，同上，184頁）

「具有母性的環境可以為嬰兒帶來發展的功能，母親除了可以即時滿足嬰兒的需求與調節嬰兒的狀態外，對於嬰兒心理結構的建立，以及讓嬰兒覺察自己的情緒並加以控制的能力來說，都十分重要。」（心智化，魏與晟、楊舒涵譯，心靈工坊）。「嬰兒在生命最早期，當具有涵容能力的客體缺席時，必須訴諸多種防衛機制，來對抗痛苦經驗，以幫助自己盡可能地保護脆弱的自我及自體的完整性，免於經驗可能令他無法承受或崩解的恐懼。」（內在生命：精神分析與人格發展）。

嬰兒期的經驗對潛在人格發展，具有深遠的影響。除了母親過世缺位對達尼具影響，達尼的父親和六個哥哥或其它親人對達尼的人格成長亦是有影響——他如野草般長大，他不只高還嗓門大，動作敏捷，個性驕縱而暴躁。嬰幼兒早期是人格發展的基礎階段，是孩童在日後與自我、他人及世界建立關係時，所依據的雛形。

一顆石子有著微心大義，那麼精神分析是人造大自然嗎？

第一次駕馭咒語的遊戲

「在達尼七歲那年，還沒人教他認識世上的『技』與『力』時，有一日，他聽見姨母對一隻跳上茅屋屋頂的山羊大喊，起初山羊不肯下來，但等姨母對山羊高聲唱了一串韻詞之後，山羊就跳了下來。第二天，達尼在高崖的草地放牧山羊時，學著姨母對山羊大聲喊出同樣的字詞，他不懂那些字詞的意義和用途，只是照著高聲唸：納罕莫曼，霍漢默漢！他喊完韻詞後，山羊全部跑過來，行動迅速一致，一隻隻瞇著眼睛注視達尼。……最後，山羊和達尼一同下了山，進入村子，羊群彼此緊挨，宛如被一條繩子拴住，被圍困在內的達尼，只能恐懼哭叫。」（地海巫師）

達尼七歲年齡，在心智發展上正值「潛伏期」階段。此時對於快速學習事物的種種，以及學習如何執行時，感受到成就感和愉悅感，不只是對自己新的處事能力感到興奮，「可能急切地想要記得名字，卻不關心能否在視覺上認出來，可能會背誦一首詩，卻不在乎詩的意義。（Meltzer,1973）」（引自內在生命：精神分析與人格發展）達尼唱出的咒語是由姨母

那邊偷學來的，這具有著一種刺激與興奮，裝大人般的能力可以暫時擺脫對成人世界的依賴，也可以有一種假扮遊戲時展現的活力與熱情。

「在遊戲中，有些事物處於白日夢和有目的的本能，或有利的行動的中間。一旦兒童對某些願望或者幻想而移動了玩具，遊戲所創造的場景就會不同，新的情境會觸發一系列新的可能性；正如在自由想像的繪畫中，看到紙上的一個記號會引發新的聯想，線條可以作爲是一個很原始的外在客體，好像會回答一般並發揮它的作用。」（Milner,1955，郭淑惠譯。）

溫尼考特認爲魔法念頭的發源地——在母子關係中間有一個遊戲場；嬰孩在母嬰連爲一體的潛在空間，多少能感受到全能的體驗，有如魔法一般。（遊戲與現實）

達尼在第一次唱咒語，像是在玩遊戲般令人興奮，「個人的心理現實與眞實客體的掌控體驗，這二者之間的相互作用，隨時都是岌岌可危的。」（遊戲與現實，91頁）

他未料到羊群會因他的咒語向他聚攏，「羊群的羊角、奇怪的眼睛、詭異的靜默，突然間讓達尼害怕起。」原本自己掌控羊群的全能感，突然感受到巨大

一顆石子有著微心大義，那麼精神分析是人造大自然嗎？

又恐怖的迫害感，這感覺令他在遊戲中很難以分辨出是他的內在想像、或是真實的危險。原本的遊戲變得危險，他發現了精神危險。「魔法的岌岌可危，是需要一份感覺可靠的關係，這份關係須要靠母親的愛、或她的愛／恨、或她的客體認同關係來啟動，而非反向作用（reaction-formation）的防禦機制」（遊戲與現實，91頁）「比昂（1962）提到母親做為『涵容者』這個重要的概念，母親涵容、轉化與對嬰兒負向內在狀態的再次表徵，嬰兒之後能反思或經歷自己經驗的必要前提，嬰兒有能力思考（think）自己的思想，感受（feel）自己的感覺。」（心智化，206頁）。

「溫尼考特（1971）認為，兒童要從成人那邊得到遊戲規則（vital mediating role）才能遊玩，遊戲（game）和遊戲規則（organization）就是為了預先避免遊玩中可怕的部分。遊戲有一種不確定性，總是在主觀與客觀間搖擺。」（心智化，272-273頁）。達尼具有模仿能力，有「技」能運用咒語的方法，他未意會咒語的使用情境及帶出的效果，以致於達尼最後被羊群圍困住，嚇到哭叫。若將吟唱咒語想成孩童在學習語言的遊戲，使用可以被認出的語言是具有威

力的，孩童也開始注意到語言與周遭事物之間的連動。吟唱咒語、學習語言、玩遊戲操控客體都可以擴展原來的生命經驗，玩遊戲本身令人愉悅，但也可能變得令人害怕不安，這種不安全感來自於近似虛幻錯主觀心靈，與客觀真實感知的外在現實兩者之間交互作用。

造霧拯救村庄

達尼跟隨著姨母「一字字、一術術地學，十二歲時，已經把姨母所知的法術大部分學會了。」（地海巫師）

「溫尼考特（1950）在《對，我們怎麼知道這是真的？》（Yes, but how do we know it's true?）講稿提到，人們學心理學時總是會經過兩個階段。在第一階段，像學習其他事物一樣，學習心理學所教的東西。在第二階段，心理學所教的東西開始和其他東西產生區別，成為一種根本無法學的東西。在第一階段的學習佛洛伊德稱為認同（identifictaion），學生變得很像那些懂得這些事物的人；溫尼考特稱為順從（compliance），即孩童調整自己以符合教師教學的

一顆石子有著微心大義，那麼精神分析是人造大自然嗎？

需求，其隱含的意義是符合文化的要求。」（育嬰室的野獸，江正文譯，究竟出版。）。亞當・菲立普認為我們可以模仿這些真相，記住它們並且複製它們；但是我們無法把它們變成全然為我們所用的物，它們不會導致內在的轉化。

　　「需要」喚出了「知識」：「眼看卡耳格人面前小路的濃霧漸散，達尼想到一個或許能生效的法術。先前，谷區一個擅長天候術的老伯為了爭取達尼做他的學徒，曾教過他幾個咒語，其中一個就叫做「造霧」，那是一種捆縛術，可以捆縛霧氣，使之聚集在某處一段時間。……達尼不會那種幻術，但他的意圖不同，且他有能力轉變這個法術為己用。念頭既定，他立即大聲講出村莊的幾個地點和範圍，然後口唸造霧咒語，並在咒語內加上遮蔽術的咒語，最後，他大聲喊出啟動魔法的咒詞。……漸濃的大霧籠罩全村，減淡了陽光亮度，四周迷迷濛濛，到最後，伸手已不見五指了。村莊藏在霧裡，這個男孩的咒語救了全村莊，戰事以村莊的勝利作結束。」（地海巫師）

「需要」如何能夠喚出「知識」？

　　達尼因爲拯救村庄的「需要」或是欲望，他本能地喚出了「知識」，這拯救村庄應視爲一個好的結果，這底下的欲望可能會更接近亞當・菲立普所描述的欲望：「我對這個世界產生某些需求，我才能使這個世界變成我的世界，因爲我能在這個世界中找到個人定位。」（育嬰室的野獸）。兒童有一種轉化、想像的能力，擁有能將事物賦予個人意義、加以創造、重整生活經驗的天分。這種具有好奇心的想像力及渴望，使得生命是值得活下去。

　　喚出來的知識如何能被自己所用？

　　知識要爲己所用，不能是死板記誦的記憶內容。喚出知識可以理解爲一種思考的能力，「佛洛伊德（1911）認爲『思維』（thought）或者『思考的能力』（ability to think）是橋樑，連結『感覺到需要』與『採取適當行動來滿足它』，兩者之間令人感到挫折的時間間隔。」（內在生命：精神分析與人格發展）

　　達尼由不懂法術，跟隨著姨母一字字、一術術地學。「亞當・菲立普指出溫尼考特所稱的第一階段

一顆石子有著微心大義，那麼精神分析是人造大自然嗎？

可以視為正式教育；在第二階段，某種東西出現，類似佛洛伊德所稱的夢程（dream-work），或是類以溫尼考特所謂的客體使用（object-usage），學習者會在有意識或無意識的情況下，創造出屬於自己的東西，找到自己能夠運用及有個人意義的部分。作夢的自我有自己的夢程，也有特殊的欲望；從作夢的自我的觀點來看，學習是欲望的昇華。沒有欲望就沒有學習，這就像溫尼考特所謂的沒有一件東西『感覺起來像真的』。作夢的自我會自己尋找老師，從一些不可知（潛意識）選取並且轉化自己想要的東西。」（育嬰室的野獸，87-91頁）

達尼將造霧的法術轉變為己用，講出希望濃霧籠罩的村庄地點和範圍，然後在造霧咒語加上遮蔽術的咒語，將原先沒有聯繫的或破碎的材料，混合在一起而變成了有意義的法術。達尼並非直接複製原來學習的咒語，他有了一番修正。比昂認為任何經驗皆可作為某些未來經驗的「模式」，模式的價值在於讓熟悉的資訊可用於應付緊急的內在或外在需求，「選定的事實（selected fact）」促使模式產生。「選定的事實」一詞是比昂引用自法國數學家彭加勒，指的是使混亂、不相干的元素結為一體，將秩序引入混沌的事

實；通常是一種情緒經驗或一種意念。

　　梅蘭妮・克萊因指出求知欲望（求知本能）是人性原始性格之一，這概念到比昂有更全面的發展，比昂在他的研究中提出去知（K）、去愛（L）以及去恨（H）本能間的等式。比昂在《思維理論》（A Theory of Thinking, 1962）中闡述了他的觀點，最初強調容器（container）與被容納者（contained）的關係，「思想」是由♀♂所構成，可以理解爲♀（思想者）對於♂（思想）的尋求。「Bion 使用傳統的女性和男性符號來表示這種關係：♀♂，象徵容器和容納器的觀點。♀♂的原型（archetype）是『母親乳房─嬰兒』：嬰兒將自己心理無法同化的「壞」元素投射到母親的心理容器中，母親有責任以心理上可以吸收的形式將這種材料還給嬰兒。比昂的理論是動態的，思想是一種♀對於♂的尋求，也可能是♂實現了對於容器♀的尋求──思想也尋找它的思想者。（110-111頁）」（等待思想者的思想，蘇曉波譯，心靈工坊）

　　比昂後來對心靈將混亂的、迫害的體驗轉化爲整合的、可描繪的和可思考的體驗的過程產生了興趣。這對應於梅蘭妮・克萊因所說的偏執分裂位置和抑鬱

  　　一顆石子有著微心大義，那麼精神分析是人造大自然嗎？

位置之間的移動，在偏執分裂位置上，心理元素被分裂和投射，因此是分散；到她所說的抑鬱位置，這些元素可以聚集在一起並穩定下來。比昂將這種移動簡化為 PS ↔ D 移動（PS ↔ D move），其中 PS 代表分裂偏執位置，D 代表抑鬱位置。選定的事實（The selected fact）是允許從思想的 PS 狀態向 D 狀態移動，也就是從一種意象和概念是混沌散亂的狀態，移向更為連貫一致、產生新的理解的狀態，思想的形成由這樣的移動形成的。比昂將「PS ↔ D 移動（PS ↔ D move）」視為心智生活中最關鍵的部分。達尼在此時所運用的法術能力，正如比昂所強調的是一種連接（integrating）能力，一種能把引發 PS ↔ D 移動的「選定的事實」與事實的連貫一致以及事實的自發裸露（spontaneous bleakness）聯繫在一起的能力。

他需要他自己的名字

　　「法師的乳名叫達尼，是母親取的。這個乳名，以及他的生命，是母親所給予的全部，因為他母親在他一歲時就過世了。」（地海巫師）

　　達尼，是母親取的乳名，以及他的生命，是母親

所給予的全部。出生是心理與生理連續發展脈絡上的一個點，在一出生時便開始互相影響，進而形成一個人的自體（self）。母親所給予的不只是生命，嬰身從基因遺傳，到胎兒在子宮成長的環境，便受到母親意識與潛意識的心智狀態與身體狀態所影響。出生後母親的乳房提供嬰兒乳汁以及安全、溫暖、幸福和愛的感覺。梅蘭妮‧克萊因認為乳房是原始母性功能的象徵，提供了哺餵、精神上的喜悅和身體上滿足。

　　比昂認為乳房是心智（mind）的象徵，母親不只提供嬰兒滋養與愛的品質，同時也提供一個會思考的自體（her thinking self）。嬰兒被餵食乳汁的感受，伴隨著母親輕喊著的乳名，隨著成長，母親的愛不再是以乳汁或擁在懷中來傳達，比昂認為「當母親愛嬰兒，撇開身體的傳遞方式，她的愛以沉思（reverie）來表達。」（從經驗中學習）沈思（reverie）原本是幻想或白日夢之意，比昂用來描述母親的一種心理狀態，可以讓嬰兒意識並忍受挫折及焦慮。母親所取的乳名，除了傳達在母親懷抱滋養、在母親眼中被看見、在母親乳房被哺餵，也用命名，讓嬰兒認識、聚焦、瞭解自己的不同。

　　「歐吉安法師說：『儘早授與他真名比較好，因

一顆石子有著微心大義，那麼精神分析是人造大自然嗎？

為他需要他自己的名字。』……孩子十三歲那天是燦爛的早秋之日，女巫姨母把男孩出生時母親給的名字『達尼』取走。沒了名字的他，裸身步入阿耳河的清涼泉源中，男孩橫越水池，走到對岸。儘管池水讓他冷得發抖，他仍然按照儀式，挺直身子慢慢走過冰冷的流水。等在那兒的歐吉安伸手緊握男孩手臂，小聲對他講出他的真名：『格得』。這就是一位深諳力量效能的智者授他真名的經過。」（地海巫師）

達尼的乳名在成年禮時被姨母取走。母親所給的乳名，「象徵著母親在生命初期是替嬰兒思考（think for）；慢慢地，嬰兒學會替自己思考，不久後，母親或父親可以和他一起思考（think with）」（內在生命：精神分析與人格發展）。13歲的達尼進入了青少年期，「此時所面對的挑戰是要促成個人未來生活模式的核心力量，此時身體上、生理上及內分泌的變化正在改變；衝突以新的面貌浮現，有些是情緒性的，有些是生理變化所致，比如意識上的思考以及隨身體新的感官變化而生的潛意識衝動，兩者間產生衝突」（內在生命：精神分析與人格發展。）青少年期是人格發展中非常重要的階段，重要的人格面向在這個關鍵時期開始形塑，並且在最後整合成一個較協調、穩

定的自我感。

　　在地海世界中，萬物都有真名。真名意謂著事物的本質，因此掌握事物的真名，就能擁有束縛那個事物的力量。「溫尼考特提出真我（true self），它包含著每個人獨特的、原創性的部分。自發性動作（spontaneous testure）和個人觀點皆由真我而出，只有真我才有創造性與真實感。真我還與身體的活力相關，溫尼考特認為真我源自身體組織的活力與身體功能的工作，包括心臟的動作與呼吸，本質上就不屬於受外部刺激的初被動（reactive），而是一種原初（primary）的東西。」（客體關係理論的轉向：溫尼科特研究，參考文獻8。）當達尼獲得真名，也代表著朝向獨立之路。溫尼考特指出朝向獨立乃是「藉由對照顧的記憶，對自身需要的投射以及照顧細節的內攝，也伴隨對環境的信心的發展，逐漸累積而獲得的。」（Winnicott, 1960, p.46）」取得真名，意謂著達尼需要意識到自己內在真實世界。

參考文獻

1. Freud, S. (1911). Formulations on the Two Principles of
   Mental Functioning. SE, Volume XII, p. 220.

 一顆石子有著微心大義，那麼精神分析是人造大自然嗎？

2. Meltzer, D. (1973) Sexual States of Mind. Perthshire: Clunie Press.

3. Milner, M. (1955). The Role of Illusion in Symbol Formation. In M. Klein (ed.) (2019) 4. New Directions in Psycho-analysis. Routledge.

4. Phillips, A.（亞當‧菲立普）著，江正文譯《育嬰室的野獸：亞當‧菲立普論成長》，臺北市：究竟，2000，初版

5. Symington, N. & Symington, J. (2014)：等待思想者的思想：後現代精神分析大師比昂（蘇曉波譯）。心靈工坊文化。（原著出版年：1996）

6. Winnicott, D., (1960). The Theory of the Parent-Infant Relationship. In D. Winnicott (Ed.), The Maturational Processes and the Facilitating Environment (pp.37-55). Routledge..

7. 朱恩伶（譯）（2009）。遊戲與現實（原作者：Winnicott, D. W.）。臺北市：心靈工坊。（原著出版年：1971）

8. 郗浩麗（2008）。客體關係理論的轉向：溫尼科特研究。福州：福建教育。

9. 林晴玉、呂煦宗（譯）（2008）。內在生命：精

神分析與人格發展（原作者：Margot Waddell）。臺北市：五南。（原著出版年：1998）

10. 劉時寧（譯）（2006）。從經驗中學習（原作者：Wilfred R. Bion）。臺北市：五南。（原著出版年：1962）

11. 魏與晟、楊舒涵（譯）（2021）。心智化：依附關係‧情感調節‧自我發展（原作者：Fonagy, P., Gergely, G., Jurist, E., & Target, M.）。臺北市：心靈工坊。（原著出版年：2002）

郭淑惠

諮商心理師

新竹「心璞藝術」心理諮商所所長

精神分析取向心理治療師

臺灣精神分析學會會員

臺灣藝術治療學會專業會員

松德院區「思想起心理治療中心」心理治療師

台北市立大學教育學系教育心理與輔導組博士

與談人：張博健

地海姓名學

　　歐吉安法師說：「儘早授與他眞名比較好，因爲他需要自己的名字……天生該是法師的心智，若滯留於黑暗，是危險的事。」什麼是法師的心智？這問題耐人尋味。一個法師的心智，似乎並不普通，是能夠做些不平凡的事，而且一不小心會變得危險。從歐吉安的話裡，姓名與心智連結了起來，名與命，連結起來。在我們的文化中，取名也常與許多的期望或祝福連結，希望一個人平安健康、聰明博學、幸福美滿。當姓名被呼喚，祝福也同在。不過，似乎我們的文化更看重未來，地海的文化，更重視過去。另一部分是，小說中的眞名，並非是公開的，而是像個祕密一般，知道眞名，就能控制這個人或物。於是這個「眞」，意味著本質，是最根本的特性。要成爲巫師，是需要學習如何尋找萬物的眞名，我想歐吉安是從格得的身上看見了他的本質，才如此取名。

個案的化名

治療師在進行個案紀錄的撰寫，有時也會幫個案取一個化名，並且會希望這化名跟個案是有某部分的連結，這化名可以貼切地指出個案某部分的特質，象徵著這個案內在的一部分，也象徵著治療師對個案的了解，化名將與個案相連，但也跟個案的本名相隔。於是化名，不是為了祝福，意義似乎更像是地海巫師中真名的使用。化名，是為了隱匿，將本名藏起來，不讓現實中的個案被辨別出來，保護好他。但要能夠區隔，也意味著我們對於個案在現實中呈現出來的樣貌之外，有另一個層次的了解。

探索個案本質的意圖

當進行專業的個案討論時，督導與一位甚至多位治療師，一起思考著這位化名的個案，是在思考著，從治療室之窗觀察到的個案世界，同時也是在治療室開展「探索個案本質」的工作，治療師也像是在尋找個案的真名，然而治療師的意圖並非控制個案，但找到真名是要做什麼呢？找到了一些源頭，連結過去和

  一顆石子有著微心大義，那麼精神分析是人造大自然嗎？

現在，理解了某關聯性，我們是想施展什麼巫術，來帶來一些改變呢？

探索本質的方法與困難

　　治療師從腦中、從討論中，探尋著「知識」、「理論」，希望有什麼蛛絲馬跡可以做為參考，解析個案的本質。也許有許多似曾相識，「感受」常會比語言早一步帶領思緒，找到過去的某位個案、某個人、某個連續劇的角色，或是自己的人生片段；也許毫無頭緒，試著依循理論來替個案找個大概的位置。彷彿無法看清楚個案，是有一層霧在那，讓人「霧煞煞」，尤其個案說的一些故事，不容易一時就知道，這是怎麼發生的。這是個案造的霧嗎？多少是在意識上發動的呢？如果不是意識上的，有什麼功能呢？是要向達尼一樣保護著什麼嗎？《地海巫師》中一個片段：戰場上「四周盡是濃霧，只聞人聲，不見人影」。這是達尼為了保護村落，喚起的霧。治療室裡，個案心裡可能也有很多聲音，個案的某部分也像是身在迷霧中，不曉得會撞見什麼，又有多少散落在心底的心理碎片，在霧中能被捕捉呢？治療師也許也

是迷惘，覺得抓住了什麼線頭，一下又落空，不然就是跟線綁在一塊兒了。治療室裡的兵荒馬亂，是誰的國土被侵犯，為什麼法術被召喚？

如果霧裡面的人聲還能被聽見，是代表有交流的希望吧？可以說些什麼呢？「自己人啊，別慌」，誰信呢？總得靠得很近吧。五官要看清楚，聽聽看這治療師還會說出什麼話，看是不是同一國的，聽聽看，在這迷霧環繞的治療室裡，心理治療是會長什麼樣子。治療師會不會見到影子就開槍？躺著會不會中槍？畢竟天花板跟霧一樣白，心象的浮現是自由的，彼此都容易捕風捉影。防守好自己的陣地，能不能等到東風，航向正確的航道呢？如同達尼成功守護家園，走向世界。

命格與自身的關係，弄清楚怎麼來的，往哪裡去

為什麼偏偏是達尼拯救大家呢？不是經驗老道的女巫阿姨？或者別村的術士？好像命運指向他，他是被選上的孩子，他需要站出來，這是造化弄人的一個例子嗎？讓達尼必須造「霧」弄人，也許這只是命運

一顆石子有著微心大義，那麼精神分析是人造大自然嗎？

安排的其中一件事情，於是他需要屬於自己的名字，得到「格得」這名字，命格本質獲得理解，被命運選上的孩子未來才能做很多自己的選擇，走自己的路，弄清自己怎麼來的，要往哪裡去。

推敲著這個案的本質，在治療師的心智中，個案得到了化名，這關於他怎麼來的，可以往哪裡去。不過，治療師的心智，是否也會變得危險呢？怎樣是滯留於黑暗呢？治療師與個案一同創造的治療世界，會是多靠近現實世界呢？還是像平行宇宙般遙遠？那危險是否是迷失於時空旅行之中？在異世界迷了路？

治療世界的動力

如同郭淑惠心理師提到的，魔法是地海巫師世界運行的動力，而心理治療世界運行的動力會是什麼？也許是看得見的與看不見的心理動力，或者說是意識到的、沒意識到的。會有什麼現象呢？也許是情緒的張力、關係的張力、互動的張力，有強有弱、有遠有近、有虛有實，就像魔法的施展。治療師是否沒有看見動力的流向，就陷入某種危險呢？謹慎的態度能夠避免雙方陷入危險，但過於謹慎可能也舉步維艱，因

此母親的角色或者說母嬰的關係，常會是治療師參考的對象。

嬰兒與母親的法術

法術需要巫師的維持，否則會失效。嬰兒自我的成長，也有賴環境和母親維持著什麼，像持咒一樣，嬰兒才能慢慢長出自我感、安全感與控制感。

達尼偶然的運用法術控制羊群，這樣的經驗也許也無意間的引發一種感覺：內在的能力是會帶來不曾預料、可怕的後果。也許不只是達尼，甚至可以想像，這樣的感受在嬰兒身上就存在了，那麼也許母親的穩定存在，能讓嬰兒不至於過分害怕自己的內在和伴隨的後果，直到嬰兒能夠有能力區別——內在的能量有多少是自己可以掌控的，以及能夠承受無法區別——那後果與自身慾望的密不可分。失控與控制的經驗，也許是無所不在且難以描述，但若母嬰同在，將開啟了區分的可能，控制感的建立不全然來自於母親和環境，也不全然來自於嬰兒，也許是那許許多多兩方同時做了什麼的瞬間，編織而成。

個體從被賦予的名字開啟一段人生故事，已然成

  一顆石子有著微心大義，那麼精神分析是人造大自然嗎？

形的心智也許對自己的心智不曾有太多言語的理解，然而與治療師的心智相遇，似乎也啟動了探究的法術，讓從哪來與往哪去，變成可以發聲的音節，為個案所用。

張博健
精神分析取向臨床工作者
諮商心理師證照
聯絡方式：bojianchang@gmail.com

第二章

喚風：為什麼危險必然環繞力量

陳瑞君

「格得，你仔細聽好，你是不是從來沒有想
過，為什麼危險必然環繞力量，正如黑影必然環繞光
亮？」（地海巫師，蔡美玲譯，木馬文化。）

一、狂喜與高潮

「緘默者」大法師歐吉安認了格得當徒弟，共
同到弓忒島後，師徒倆幾乎沉浸在山林裡的小村野地
間，法師的木屋邊臨著大海，終日不是伴隨著強力的
海風、不然就是吹襲的風雨與寂靜落下的雪……大法
師歐吉安也靜默到不行，『許久不語，那沉默會充
塞著整個房間，充塞著整個格得的心思，一直到歐吉
安似乎忘了話語是什麼聲音……等到歐吉安終於開
口……都不是什麼大事，不過是些諸如麵包和飲水、
天氣和睡眠之類的簡單小事。』（地海巫師，p.40-
41）

大法師歐吉安所提供的生活，對弟子格得而言，

一顆石子有著微心大義，那麼精神分析是人造大自然嗎？

幾乎是潛沉在基本生理需求的滿足，與巨大的心理挫折裡。初來乍到於此，少有法術咒語的教導與學習，多的是自由地閒步於荒溪野地之間，辨識採集百花草藥，對此，格得不悅於無高潮迭起的生活。格得自小就具有無邊的內力——或說是他的原始本能驅力，帶給格得一種酣暢的全能感——從他跟著師父百無聊賴的開始，卻也是最妄然追念往日的狂歡的開始：

「達尼在草地放牧長毛山羊時，便學著姨母對山羊大喊出同樣的字詞。他不懂那些字詞的意義和用途，只是照著高聲唸：納罕莫曼，霍漢默漢！

他喊完韻詞後，山羊全部跑過來，行動迅速一致，肅靜無聲……牠們厚凸的羊角、奇怪的眼睛、詭異的靜默，突然讓達尼害怕起來。」（地海巫師，p.18-19）

格得對身上的能量雖然初感畏懼，但並不真正認識本能，他見識到它的無邊全能力量，格得童年是孤獨的，除了無意間展現了法術的「內力」狂歡所帶來的全能經驗外，並不懂得它同時也煽動了可能帶來攻擊的焦慮及慾望，這需要客體收束與調和主體的罪惡感與能力感，若可在邊框內揮灑狂草的稱之為藝術品，反之則為破壞與凌遲。然而，格得的姨母並不看

重格得，但因姨母見識到格得的內力後稍感畏懼，畏懼並沒有收束她的焦慮，反而轉瞬間便決定要藉此收服格得，欲使他燃燼內力以爲她效勞。

若法術所帶來的狂喜及全能感，被視爲玩遊戲所引發的滿足及興趣的面向，來稍作思考，作用在身體上的反應可能看起來是很像的，都與本能的滿足有關，但是否與自我高潮有關？Winnicott在1958年《The Capacity to be Alone》的文章裡，提供了對於遊戲中得到的本能滿足，與身體高潮之間存有巨大的分野：「所謂的正常兒童能夠遊戲，並能在遊戲時感到興奮且滿足，而不會受到局部興奮（local excitement）的身體高潮（physical orgasm）的威脅。相比之下，一個受剝奪且有反社會傾向的孩子，或者任何有明顯躁狂防衛（manic-defence）的孩子，都無法享受遊戲，因爲身體變得參與其中。身體的高潮是必須的，每個父母都知道沒有什麼能使興奮的遊戲結束，除了一頓討打——這提供了一個假高潮（a false climax），但卻是一個非常有用的高潮。」（Winnicott, The Capacity to be Alone.）

Winnicott上述的文章中強調了，正常孩子從遊戲中得到的滿足與快樂，與強迫性興奮所帶來痛苦的

一顆石子有著微心大義，那麼精神分析是人造大自然嗎？

內在狀態，是絕對歧異的，另外也特別提到，「我認爲一般而言，本我衝動（id impulse）只有在包含於自我生活（ego living）中才有意義。本我衝動要不是破壞脆弱的自我（ego），就是強化堅韌的自我。可以說，當本我關係（id-relationship）在自我關聯（ego-relatedness）的框架中相遇時，本我關係就會強化自我。」（Winnicott, The Capacity to be Alone.）家庭或文化中對兒童及青少年來說，是影響及健康或精神病理的要角，若將全能幻想視爲衝突解決的核心方法，強化其理想化及施虐性作爲，以鞏固個人在無助感時的生存方式，則使得這個階段中的分離或依戀、獲得或失落的痛苦感與滿足感，都與全能幻想連帶著被強化。「思想或行爲的全能是對過往無助經驗的潛在反應，但作爲一種固著的幻想（a fixed fantasy），它通常植根於與父母的終生互動中，父母通過將全能的幻想強加給孩子來處理自身的焦慮。而通常成爲別人全能幻想的客體，換言之，即自我的被剝奪（to be stripped of selfhood），因而變得無助，也許被迫在反應和認同的面向上建立全能的防衛。我們將外化（externalization）稱爲虐待的動力基礎。」（Novick, J. & Novick, K. K.,

Externalization: The dynamic underpinnings of abuse, 1994.）

格得在姨母的調教下學得很快，並悉數學會所有的法寶，快到連村裡的村民都害怕起他來：

「達尼想到一個或許能生效的法術。……先前谷裡一個老伯曾教過自己控制天候的法術，其中一個叫做造霧，那是一種可以將霧氣綑綁起來，使之聚集在某一處的法術。……達尼不會那種幻術，但他意圖不同，且他有能力將之轉爲己用。他大聲講出村莊的幾個地點和範圍，然後口唸造霧咒語，並且加上遮蔽術的咒語……魔法啟動了，漸濃的大霧籠罩全村。」（地海巫師，p27-28）……達尼的父親在達尼頭上敲了一下，讓達尼頭痛欲裂，父親要達尼躲起來，殊不知這個男孩的咒語救了全村莊，戰事以村莊的勝利作結束。

格得個性中有天賦，天賦有時候是一種驅力、能量、不替它找腹地發展，能量也會想辦法節外生枝，格得從小沒有媽媽，爸爸是個粗人銅匠，格得在會巫術的姨母眼中發揮了那驚人的能量天賦。天賦，有許多的同義替換詞，例如能量、慾力、本能強到變成提燈引路人的角色，它是不受控的，格得受制於它，他

一顆石子有著微心大義，那麼精神分析是人造大自然嗎？

本身就是聚光燈，他受自己的引導，加乘的落入了一種全能及具有洪荒之力的狀態。

在《A Developmental Perspective on Omnipotence》一文中，作者Novick, J. & Novick, K. K.（1996）以發展的觀點來理解全能，「並提出潛伏期裡帶有敵意防衛性的全能幻想（Hostile defensive omnipotent fantasies of latency），是建立在前伊底帕斯期和伊底帕斯期（preoedipal and oedipal）病態早期發展的基礎上，但在潛伏期增添了關鍵因素，使全能幻想的特徵在潛伏期得到鞏固，其目標和方法也固定下來。」且認為潛伏期是調節全能感與現實感的重要階段，他們在文中提出以下的臨床觀點：「在治療施受虐患者（sadomasochistic patients）的問題中，找到了全能現象病理學的切入點……因為在我們研究的施受虐患者身上似乎沒有真正的潛伏期（no genuine latency）來鞏固自我的發展（ego development），也沒有現實的自尊來源（no realistic sources of self-esteem）可以內化到超我中。」

二、「力」與「技」的結合

　　格得與生俱有的優勢神性——「力」的失速膨脹，在於姨母刻意忽略巫術本身傳授的道法及次第，他的成長未經時間的自然練就，就如同失去以潛伏期強調以道法作為一個邊界收束的可能性，其慾力及自尊都無法在這個階段得到發展及驗證。反而格得像是被定時的施打生長激素的雛雞，在他的本我及自我、人性及神性、我及非我的疆界難以互相認識或協力調和，他與巫術的關係是偏向全能狂躁及行動化的傾向，但卻也像是在抵擋或急切地在回應著那生命中空缺的什麼似的，他無法忍受空缺、無法自然地等待著與法術的相遇，是他急切的需要法術帶來的全能感與狂喜感，魔法的奶瓶可以使他餵養生活中情感上的空缺及蒼涼：

　　「法師（指格得）的乳名是達尼，是母親取的。這個乳名，以及他的生命，是母親所給予的全部，因為，母親在他一歲時就過世了。他父親是村裡的銅匠，嚴厲寡語。達尼有六個哥哥，年紀都長他很多，一個個先後離家，有的去面北谷其餘村鎮種田或打鐵，有的出海遠航。因此，家裡沒人能溫柔慈愛地將

一顆石子有著微心大義，那麼精神分析是人造大自然嗎？

這么兒帶大。」（地海巫師，p.17）

　　「所以，達尼如野草般的長大了，個兒高，嗓門大，動作敏捷，驕縱而暴躁。……父親等他長大了些……就派他當學徒，耗在毆打、鞭笞上的力氣，常常少不了。」（地海巫師，p.18）

　　孤獨的格得似乎在原始情緒的發展上是失恃失怙的，精神分析的觀點相信，嬰兒受精神現實中幻想及錯覺支配的先天傾向，即使是缺乏真實客體的存在。Ferenczi（1913）《Stages in the Development of the Sense of Reality》（暫譯為《現實感的發展階段》）的文章中提到，「所有的孩子都生活在快樂的全能妄想中，他們在某個或其他時間——即使只是在子宮裡——他們真的參與了這種全能妄想。」（p.232）這取決於他們是站在魔鬼（Daimon），還是幸運女神（Tyche）這一邊，他們在以後的生活中，保持全能感並成為樂觀主義者（Optimists），還是去增加悲觀主義者（Pessimists）的數量，悲觀主義者永遠不甘於放棄他們潛意識的非理性願望，他們在最輕微的挑釁下都深感受侮或被輕視，並認為自己是命運的繼子（step-children of fate）——因為他們不能成為她唯一或最愛的孩子。

或許可以簡單地說，因爲格得的血氣方剛及對法術知識的輕薄而導致他擅意施法而召喚出亡靈，但從他初入學院的第一天起，對於賈似珀有意無意的挑釁與愚弄，使得格得的自尊心常常被藐視及踐踏：

　　賈似珀對他說「卽使是唬人的玩意兒（法術），在愚者手中也很危險」

　　「格得聽了這話，有如當面被賞一個巴掌，立刻朝賈似珀上前一步。可是這位年長的男子微笑著，好像剛才說的話並無侮辱之意，只僵硬優雅的點點頭，就走了。格得站在原地……心中充滿了憤怒，他發誓，一定要超越自己的敵手，……他要證明自我，羞辱賈似珀……格得執著這個對立的觀點，並當做個人自尊似地培養。……他不肯想通的一點是：在這股對立中，潛藏著師傅溫和警告過的各種危險和黑暗。」（地海巫師，p.76）

　　賈似珀輕薄的話對格得而言像是揮舞著致命的一刀，動不動就激起了格得空無的閹割焦慮，過往法術是他全能感及壯大的來源，但在某些師兄的眼中不但被嘲弄而且失靈了，指出他似乎像個被自我幻術保護的小孩，他頓失所依的被迫落入無助孤苦、脆弱渺小的赤裸現實當中，找不到當年的榮耀與名望。Novick,

 　　一顆石子有著微心大義，那麼精神分析是人造大自然嗎？

J. & Novick, K. K.（1991）提到，「幻想的目的不是為了增強自體（self）的眞實能力，而是爲了否認和轉化母子關係的痛苦和不足。由於無法運用眞實的能力從母親那裡得到適當的反應，這些孩子只能依靠控制的全能幻想來維持他們的自尊。」（p. 317）

格得對於賈似珀的訕笑及輕視忍無可忍，勢必要召喚亡魂出來好好的羞辱這些在揶揄他的人。

「站在柔克島這座圓丘上，怨恨與怒火已然消逝，代之而起的是十足的把握，他犯不著嫉妒任何人，此時此刻站在這塊幽暗著魔的土地上，他知道自己的力量比以往都更爲強大，那股力量在他體內充塞，讓他幾乎無法抑制而顫抖。他知道賈似珀遠不及他，或許他只是奉派在今晚將格得帶到此處；他不是格得的對手，只是成全格得命運的一個僕人。……天地間，萬物均服膺於他的指揮及命令。他立足於世界的中心。」（地海巫師，p.96）

此刻格得已分不清楚內與外，我與非我了，全能的格得所帶動的身體與心理邊界在無法與外界分離開之前，也就是說在格得尙並不理解「技」與「力」的內容及知識時，外界就像是被感知成他的身體範圍的掌控之內，危險是同時是來自於體內，同時也可以被

經驗於外在的。力的錯置在沒有技的輔助下又一次讓他掉到了全能感的險境當中，「我／非我」不再有界線、不再能相互詮釋及相互逼視，這種力是危險的自我犧牲，就如同他小時候因先模仿施展咒語召喚來著了魔般、肅然無聲的從四面八方過來磨蹭圍繞著他成圈的羊群，格得對此嚇得驚聲哀號；而青春期的他又在自尊心受辱之下，隨意亂施咒驅使了伴隨他一生在側的惡靈復活，且這次除了他轉身面對自己的自毀本能、衝動破壞、謀殺的慾力之外，無人能夠解救他的失手。

而「技」又像是什麼？就有如少了術與道的劍，少了劍鞘的涵容，力回不了家，只能在外四射遊走，傷人自傷。這似乎也意味著從「本能」觀走向「客體關係」範疇的重要性——關於回家、抱持、涵育、節制、負的能力（The Negative Capacity）、衝突與幻滅、剎車或引路，因而劍與劍術、力與力道、力與技、野草與狂草、K與O就是主體與客體、獨白與對話、囈語與咒語的相輔相成。

小說情節中個性狂草有力的格得，因「技」的缺位不免數次以引火自焚般的災難收場，那被召喚出來的幽魂像是一團黑影塊的東西，將黑夜形成一條世

一顆石子有著微心大義，那麼精神分析是人造大自然嗎？

界的裂口，那一團黑影塊攀爬著……冷不防的促擊且倏地跳至格得的臉上，重擊撕毀著他的肉身，格得拼命的對空掙扎扭打，旁邊圍觀的師兄弟們無不面青發抖、掩面抽咽：

「大夥兒把格得放在治療室的床上。藥草師傅先處理他的臉孔、喉嚨、肩膀的傷。那些傷口很深，且參差不齊……傷口的黑血流個不停……格得躺在那裡又瞎又聾，全身發燒，像慢火悶燒的一根棍子。沒有咒語能把燒灼格得的東西冷卻下來。」（地海巫師，p.101）

耿瑟法師在格得九死一生倖存一命後，對格得說「你天生有強大的內力，卻用錯地方，去對一個你無從控制的東西施法術，也不知道那個法術將如何影響光暗、生死、善惡的平衡。你是受到自尊和怨恨的驅使而施法的……你召喚了一名亡靈，邪惡透過你行惡，你召喚它的力量給予它凌駕你的力量；你們連結起來。那是你傲氣的黑影、是你無知的黑影，也是你投下的黑影，影子有名字嗎？」（地海巫師，p.104）

此段話不得不讓人去思考到青春期的特色，這個階段的青少年的確有了天賦的「力」以足夠成熟的身體爲工具去施展他們的慾望，當然那一團黑影可能也

代表著謀殺或者是使人受孕的幻想都有可在這個階段達成，不論是伊底帕斯的重生或是哈姆雷特的等待的復仇，在青少年期中的衝突、暴怒、自毀與逐位都考驗著所謂的家與自我的碎裂或整合，原先的家或自我或許是永遠回不去的地方。青少年格得開啟的自毀模式是否是在尋找那堵能擋住他的牆，那堵對立，那股逆風、那個非我、那個應該實到而缺席的客體，他誤以為賈似珀的找碴是那道牆嗎？那找不到那堵牆，則格得「力」的滿足將永遠以攻擊自毀收場，「技」涉及的是Bion的transformation的展現，是K尋找O的過程，而「力」的表現型，藝術展現中的技與力的缺一不可，只有「技」的藝術則失去最重要的生命力，而光有衝動表達慾的「力」，或許只流於發洩及帶來破壞。

三、人間失格

在另一本深刻且動人的書，《徬徨少年時》的主角辛克萊與德米安，與《地海巫師》裡的格得年紀差不多，在《徬徨少年時》開啟書扉的第一句話就是，「我只是嘗試過著自己要的生活而已，為何如此

 　一顆石子有著微心大義，那麼精神分析是人造大自然嗎？

艱難呢？」（徬徨少年時，林倩葦譯，遠流文化。）少年辛克萊面對黑暗世界裡惡少年的威逼強索，使其惶惶的墜入恐懼及被揭穿的崩潰中，另一面的他仍要生活在文明禮教家庭的光明面中，已染塵的他為維持人格的不裂解，他有一面得要活在黑暗中，一面得要活在冒牌者的光明裡。他跨在光明與黑暗的兩界，未亮出來的黑暗叫「榮光」，若選擇要生活在光明中的代價，勢必要亮出來的黑暗叫「創傷」，辛克萊的折磨即是要選擇在「黑暗的榮光」裡得救或是要在「光明的創傷」裡蒙羞呢？在《徬徨少年時》書裡有一句話深深的將黑暗，烙在每個人的成長中，「這曾經撐起童年天地的支柱，在每個人得以成為他自己之前，必定都將被摧毀。命運的底蘊，是由其他人看不見的經驗所組成。這樣的切割和決裂會再度癒合，會痊癒且被遺忘，然而隱密的深處，它依然存在，繼續淌血。」（p.46）

在《徬徨少年時》，辛克萊有德米安向他揭示，人生中的光明與黑暗如何各持其力，要處理的永遠是在黝暗的內心深處的自我映照。在《地海巫師》格得的黝暗力量，是源自於光明與美好的誘惑，曾一度是姨母羽翼下無盡釀造與酣飲的葡萄酒莊，格得此時也

像是稚氣戴歐尼修斯（Dionysus）的化身，格得與Dionysus有著同樣悲劇性的童年，父親是宙斯，母親是人類塞墨勒（Semele），半人半神的混血種的Dionysus，命運的黑影從出生就追隨著他，注定失去母親的嬰孩時期，長期在逃離中躲避被滅口的多舛命運，希臘古詩《Orphic Hymns》歷久傳唱的，就是以Dionysus的復活及死亡為描述核心，有人說，Dionysus這個名字在希臘古語中意味著「出生兩次」之意，第一次的出生是肉身的出生，是從母親子宮誕生，但因其早年失恃及父親缺位，不論是在神性或人性的認同道路上，比其他眾神都更顛跛難行，或許Nietzsche用「醉」、「失格」、「個體分解」甚或「溶化」，這類搖搖欲墜的字詞，來描述無父無母的Dionysus，不難想像他第二次的出生，是從父親的大腿出生，也可以說除了肉體出生外，還有精神認同出生。而這三者的命運，不論是格得、戴歐尼修斯還是辛克萊，幾乎在孕育認同的產道上，幾度要了他們的命！

在此引用《人造天堂》裡，其中一個篇章〈天才兒童〉的說法便特別有感，波特萊爾說，「每個人都會做夢，但並不是每個人都擁有編織偉大夢想的稟

一顆石子有著微心大義，那麼精神分析是人造大自然嗎？

賦，而在那些擁有這個稟賦的人身上，現代生活裡愈來愈多的外務與物質進步的漩渦也很可能使這個才華日漸消磨。做夢的才能是神聖而神祕的，因為人類只有透過夢想才能與他周圍的黑暗世界進行溝通。可是這個才能需要孤獨的環境才能夠自由發展。」（人造天堂，葉俊良譯，臉譜出版社，p.208-209）

　　或許，沒有這個經歷產道的哀嚎過程，便無法取得負向能力中所誕生的安靜與孤獨，每個人一出生就與產道的黑暗交手過，出生的慾望亦是母子雙生的聯手，而認同的出生亦然，只是沒有實質客體的雙生聯手的確是困難，究竟危險的是本能慾，還是巨大的挫折黑影，是出生好還是不出生好？是《哈姆雷特》中的「生存還是毀滅好」（To be, or not to be）？那個黑影便是不斷在對著格得、戴歐尼修斯及辛克萊，還有所有的我們喊話的潛意識中黑暗的匯聚，沉默的交織、以及模糊的壓力，那些會不斷在人生中追著我們跑的一團濃穢物，那種會致我們於失格、分解及溶化的力量。

四、從負的能力中（The Negative Capacity）尋找真名

《地海巫師》裡的格得在全能中把自己徹底的摔碎之後，經歷了一段破碎沉潛的日子：

「他幾乎不跟長桌邊其他學徒交談，也不抬頭面對他們……格得渴望的就是獨行，因為他害怕自己不智……那年春天和夏天，格得都和較為年幼的學徒一同學習。格得在那些人當中，也不再顯露鋒芒……連最簡單的幻術魔咒，都會在他的舌尖打住……秋天，格得準備再赴孤立塔，隨名字師傅學習，他曾經畏懼的功課，現在反而欣然面對，因為沈默是他所尋求的。」（地海巫師，p.108-109）

格得不再踏入半步過往關於「力」的範疇中，他曾經從那裡得到的全好的自我、夢想的構築、滿懷的信心及崇拜的眼神，可以說都起於那裡也毀於那裡，當時的格得已不再存在，也無法復生，可以說那個格得已然徹底的死亡，至於現在的他只是瓦解後的灰燼，不成體不成形，灰飛煙滅後可以什麼都不是，什麼也沒有。

Novick, J. Novick, K. K.（1994）文中提到，

  一顆石子有著微心大義，那麼精神分析是人造大自然嗎？

「青春期要完成掌握成熟身體的任務，就需要放棄一個人既可以是男人，又可以是女人的幻想。性快感的體驗使伊底帕斯等同的觀念站不住腳，而是需要承認代間差異。一個單獨身分的合併，與對主要客體不可或缺的幻想相矛盾。接受時間、選擇和個人限制的現實，需要拋棄一個人永遠不需要長大、變老、死亡、必須選擇或放棄任何東西的幻想。青春期的所有發展任務，都需要轉變與現實和幻想的關係，作爲成熟身體和自我整合的一部分。」（p. 162-163）

　　精神分析對於嬰幼兒期的客體環境的研究及著墨甚多，但對於青春期所會遇到的精神病理狀態、環境相對應的關係、性問題、慾望及自我衝突的崩毀與重整的可能，還需要更多的鑽研與體會。Shengold 和 Goethe（1989）提到的，「靈魂謀殺」（soul murder）的概念有許多的想像，或許像從小是被寄予全能幻想中的格得，讓全能的力量掌握自我也全然喪失自我的過程；也像是自小源於迴避黑暗，而全然全能美好家庭的辛克萊，當他成爲黑影傀儡所覬覦的對象的那一日，勢必就是劃破所謂的全能美好的撕裂與保護，他走向了幻想終結的末日。

　　《地海巫師》、《徬徨少年時》的格得與辛克

萊，帶我們連滾帶爬的跟蹌，走一次青春期的內在樣貌之一，或許可先簡化的說是，人們會製造自己想逃離，但逃離不了的生活地獄裡，失樂園以一種侵略及侵蝕的型態不斷的被召喚出來。而或許有些人自此也沒能從灰燼裡走出來。

參考文獻

1. Ferenczi, S.(1952) Stages in the Development of the Sense of Reality. First Contributions to Psycho-Analysis 45:213-239 (Published in the Internat. Zeitschr, f. ärztl. Psychoanalyse, 1913.)

2. Novick, J. & Novick, K. K. (1991) Some Comments on Masochism and the Delusion of Omnipotence from a Developmental Perspective. Journal of the American Psychoanalytic Association 39:307-331.

3. Novick, J. Novick, K. K. (1994), Externalization: The dynamic underpinnings of abuse. In: Victims of Abuse: The Emotional Impact of Child and Adult Trauma, ed. A. Sugarman. Madison, CT: International Universities Press, pp. 45-68.

4. Novick, J. & Novick, K. K. (1996) A Developmental

一顆石子有著微心大義，那麼精神分析是人造大自然嗎？

Perspective on Omnipotence. Journal of Clinical Psychoanalysis 5:129-173.

5. Shengold, L. (1989), Soul Murder. The Effects of Childhood Abuse and Deprivation. New Haven, CT: Yale University Press.

6. Winnicott, D. W. (1958) The Capacity to be Alone. International Journal of Psychoanalysis 39:416-420.

7. Hermann Hesse (1919). 徬徨少年時（2017，林倩葦譯）。台北市：遠流文化。

8. Ursula K. Le Guin. 地海巫師（2017，蔡美玲譯）。新北市：木馬文化。

9. Charles Baudelaire. 人造天堂（2007，葉俊良譯）。台北市：臉譜出版社。

陳瑞君

諮商心理師

《過渡空間》心理諮商所所長

臺灣精神分析學會會員

臺灣醫療人類學學會會員

臺灣精神分析學會推薦精神分析取向心理治療師

臺灣精神分析學會《台北》心理治療入門課程召集人

松德院區《思想起心理治療中心》心理治療督導

國立臺灣師範大學教育心理與諮商所博士班研究生

  一顆石子有著微心大義，那麼精神分析是人造大自然嗎？

與談人：王慈襄

「有」與「無」互相而生

　　格得從小獲得巫術，有著強大力量。像是我們人一生下來擁有力比多（libido），本能所帶來的力量若沒有使用得當，便可能至深至黑暗當中，就像瑞君心理師在文中所說，潛伏期的格得雖然有巨大的力量，在姨母家並沒有受到重視，力量也沒有被指引收束，那份天生的力量可以使格得做任何事，但這份力量也存在著危險。

　　法師歐吉安說：「……天生該是法師的心智，若滯留於黑暗，是危險的事情。」（地海巫師，勒瑰恩著，蔡美玲譯，木馬文化出版。）

　　而年少的13歲格得獲得真名後，開始與「緘默者」大法師歐吉安學習，然而作者以頗有東方哲學「有即是無，無即是有」、「有」與「無」互相而生的道家思想，花篇幅描述格得與歐吉安過著瑞君心理師所說的「麵包和飲水、天氣和睡眠之類」等簡單小事平常人生活，在採藥草時，自由的讓格得走過溪流河岸、穿越樹林與野曠，使其經驗環境，格得遲遲沒

有學習到他想要的技藝，反而請他「先要聆聽，必先靜默。」，而那是師父給他寶貴的第一課。

我想到最近很紅的動畫《咒術迴戰》裡面的角色「狗卷棘」，說話同時能夠將咒力附著在言語上發動力量攻擊，但使用不得當也會反彈至自己身上。持續想到日本文化中，也有個很像「地海巫師」一樣的設定，日本古代以來也有「言靈」（Kotodama）的概念，言語自身擁有力量，言語可以創造也能招致毀滅，他們相信所有的萬物皆有神性的泛靈思想，使他們被告誡謹言慎行。這也不禁讓我想到回溯許多的原始文化也是泛靈論。有趣的是，「靈」（玉，dama）也能稱作是能量的意思。

格得其實在一開始就已經被教授施法的時機，歐吉安似乎替他建構出平靜，讓他在寧靜當中，體驗著樹林與野曠等大自然，安頓內在，給他一個空間、一個沒有施法的空間。在這安靜與靜默的時間，格得內在也許已經長出巨大的森林，歐吉安展示出何謂「負向能力」（Negative capability），並讓格得經驗其中。而沒有說話時的停頓（氣）也是相對重要的，如同日本建築中也有許多的「負向空間」，「空氣」也是一種需要讀懂的語言。

一顆石子有著微心大義，那麼精神分析是人造大自然嗎？

在治療室中，就像是音樂需要有無聲的時候，不僅僅休止符本身會有意涵，有聲與無聲才能形成曲目，弘大的建築中，也會有正空間與負空間。

這讓我想到Winnicott《文化經驗的所在》：「把這個潛在空間視為自我結構的一部分，我們就會明白，這個自我部分不是一個身體自我，他並不是建立在身體功能的模式上，而是建立在身體的體驗上，這些體驗屬於一種非狂歡式的客體認同，或是所謂自我的關聯性，我們可以說毗鄰性，在此取代了連續性。」（引自遊戲與現實——文化體驗的所在，唐諾·溫尼考特著，朱恩伶譯，頁165，心靈工坊出版。）

如少年格得經由歐吉安的教導，逐漸學習自己身體以外的體驗，與萬物連結也是重要的事情。這也是建立自我的關鍵之一，若非如此，便可能停留在兒童般全能感之中。在佛洛伊德《論自戀》訴說的：「嬰孩式的全能魔法幻想」，也像Winncott 所說的嬰兒活在「主體的全能感」（subjective omnipotence）當中。無懈可擊的力比多（libido）狀態，雖然處在自身狂歡的極樂狀態，但是這股力量也可能會將其摧毀掉。而從小到大被稱讚有天賦的格得，讓他自視甚

高，天賦充滿能量，使感覺良好的格得不知道之後會帶來什麼樣的危險……

「隱藏著黑暗力量的鑰匙啊，在我面前顯示你真正的力量」──從潛伏期至青春期性的覺醒

格得在書中青少年時期第一個遇到的女孩便是銳亞白城主的女兒席蕊，書中描述剛開始見到女孩，當時一開始還覺得她醜，後來卻在他心中逐漸產生慾望且想要取悅她，使格得閱讀釋放黑影的法術意外喚出亡靈。

而席蕊這樣角色，讓我想到文學、電影等藝術形式中，有一種角色模版「致命女郎」（femme fatale），通常這種類型的女人，會用自身的性、手段魅力或誘惑、謊言、權利誘騙或逼迫以達到目的，而致命的女人（femme fatale）在角色中通常捉弄著命運，也是被命運操弄。在書的中段，長大後她也似有若無的誘惑著格得，年長後企圖控制格得。遇到席蕊也讓格得的命運開始轉變。格得就像是青春期開始對於性的覺醒，像是伊甸園亞當夏娃吃禁果般，突然知曉了性、羞愧等感受能力，又像是潘朵拉的盒子一

一顆石子有著微心大義，那麼精神分析是人造大自然嗎？

樣，打開了七情六慾……席蕊就像是那把鑰匙，將那股危險力量從黑暗浮現至光明。

　　後來格得在學院中因賈似珀的處處針對，格得就像是閹割焦慮般的急切地證明自己，他的自戀似乎受到威脅，因為他在學院之前只有自己的他需要證明自己的，他不懂得控制自己的脾氣與虛榮心，不小心召喚出黑影，體內那股脫韁野馬，害死了柔克島的大法師。格得顯然對於這個黑影感到懼怕不已。

　　當我看到瑞君心理師所說天賦可能一種能量、慾力、本能，而格得面對這股原始力量，他的本我、自我、人性神性、我與非我是難以互相認識的情形，此時讓我聯想到孟克1896年所畫出來的《嫉妒》（Edvard Munch, Jealousy, 1896, Lithograph, 46.5 x 56.5 cm），看得到嫵媚多姿裸體女性從身後的樹上摘蘋果——暗指夏娃對亞當的誘惑。孟克背後有如一團後面分不清楚是黑影還是蘋果樹，大黑影籠罩在他身上蔓延至背後的兩個人；甚至與後方男子的顏色相連。

　　畫面這種充滿窒息感，快要被他的黑影淹沒，全能感與狂喜感可以讓力量持續瀰漫與擴張，但卻越來越少有呼吸的空間；強而有力，卻又危險至極。

從自己一人走到可以與客體交流的能力

當他經歷一場場的自戀受挫，歐吉安建議他轉身重新面對黑影，以下這段話是離開易飛爐要去找黑影的前夕，雅茉詢問他力量的祕密；然而此時的格得，似乎已經能夠知道使用力量的方法，先了解萬物的眞名爲何，明白所有萬物皆有能量的情形下，更使得格得謙虛。

格得說：「那倒不是什麼祕密。我認爲，所有力量的起源與終結都同一……水與風與巫術，人類的手藝與樹根的智慧，這些都是一同產生的。我的名字、妳的名字、太陽眞名、泉水、尙未出世孩子，全都是一個源遠流長字詞裡的音節；藉著星光，十分緩慢地講出來……。」（地海巫師，勒瑰恩著，蔡美玲譯，木馬文化出版。）

讓我連想到一部網路漫畫改編，並得到青少年共鳴，名叫《靈能百分百》（モブサイコ100，Mob Psycho 100）近期剛完結的動畫，男主角影山茂夫（又稱路人，mob）與格得年齡相仿，從小也有非凡的超能力。

到了青春期路人無形之中也發現，自己的超能

  一顆石子有著微心大義，那麼精神分析是人造大自然嗎？

力是危險的存在，而動畫呈現方式將這股力量畫成「？？？％」，代表著力量無窮、令人畏懼也是未知的力量。路人為了不讓超能力失控並恐懼著，壓抑著內在力量，後來才漸漸揭發未知的部分出自部分的自己。當年紀尚小的路人因為那股力量而煩惱時，也有一位師傅告訴他：

「聽好了，即便是擁有了超能力，你仍是一個人類，這和腳程快、學習好、體味重一樣，超能力不過是種特徵，只能將他作為一部分個性，並積極地活著，魅力的本質是人情味……。」他的靈幻師傅並沒有什麼高超能力，然而歐吉安以及靈幻師傅都使格得與路人不再處在一個人的世界當中，歐吉安讓格得重視真名，靈幻師傅則是讓路人作為一個人，如何有著所謂「人情味」——人與客體能夠交流，且互相影響。

而歐吉安與靈幻師傅，給予格得與路人Winnicott所說的holding，作為一個照顧者教會格得施法與不施法，格得藉由歐吉安所給予的安全的環境下，漸漸發現自戀的「全能幻想」並非真實，從而發展真我假我及創造力，慢慢踏步於人群之中。接著神祕力量也有了該去的地方。

王慈襄

諮商心理師

臺北榮民總醫院向日葵學園（兒童青少年日間病房）特教個管老師

中國文化大學心理輔導學系碩士

國立台灣藝術大學美術學系學士

 一顆石子有著微心大義，那麼精神分析是人造大自然嗎？

第三章

求雨：只能控制精準叫出名字的事物？

陳建佑

　　「我迷路了。」這是當我試圖連結這兩篇文章時，心中的念頭；縱使地海巫師的魔法與精神分析都是在找名字，但是在觀察與命名、以及確認並施法的過程，一樣沒有被說清楚：到底法師在認識萬物時，是如何知曉真名？到底分析師在反移情與潛意識裡遊走時，是如何決定詮釋的字句順序？這是兩種微言大義，說少少的話，背後卻有許多思考的堆疊；然而，究竟是堆疊了許多思考，才決定一句精練的回應，還是在認識事物的歷程，真名自然地浮現？正是這些沒有答案的問題，才是迷路的路，因為除了——自己想要使用事物的方式、自己認為接近答案的詮釋——這些從「我」出發的認識，我們對於眼前的事物、從他們那裡出發的路其實一無所知。

　　「等你從四葉草的外形、氣味、種子，認識四葉草的根、葉、花在四季的狀態之後，你就會曉得它的真名，明白它存在的本質了，這比知道它的用途還

重要。你說說看，你的用途是什麼？我的用途又是什麼？到底是弓忒山有用？還是開闊海有用？」又走了約莫半哩，歐吉安才說：「要聆聽，必先靜默。」（地海巫師，勒瑰恩著，蔡美玲譯，木馬文化出版。）

在地海巫師的世界，知道真名就能夠控制這個物體，這或許與溫尼考特描述在生命早期的嬰孩心智時，客體關聯（object- relatedness）的階段有所關聯。在這個階段，嬰孩受限於他的心智或感官能力，所認識的是部分客體（part-object），此時的客體是為了需要而被創造出來的，主體有個欲望，而客體能夠滿足，後者能被納入主體的幻想中，是個「東西」般被使用。這是全能感的展現，藉此保護脆弱的主體在認識不可控的現實之前，不至於太早崩潰。此時的客體是在那裡等待著被創造並且成為被灌注的客體，而非真正的，如四葉草被認識得那麼仔細的客體。

所以使用客體重要、知道客體真正的名字重要，還是，是活下去最重要？溫尼考特在《文化經驗之所在》一文提到，「『被剝奪的孩子』明顯不安和不能玩耍，在文化領域的體驗能力也很貧乏。……在早期階段對失落影響的研究，讓我們觀察這個中間區域，

　　　　一顆石子有著微心大義，那麼精神分析是人造大自然嗎？

（或者說是）主體和客體之間的潛在空間。可依賴的失敗或客體的失落對孩子來說意味著失去了遊戲區域，以及失去了有意義的象徵（symbol）。」在知道客體的名字前、在知道真實客體存在前，需要有玩耍的能力，是在一種中間區域裡達成，這如同從迷路出發，要走到眼前客體那裡出發的路之間的時空裡，一邊經歷一邊發展的事，是一面走，一面明白原來那裡有個別人的過程；在「『自己』的概念浮現，這個『自己』開始了，相對於『本能』等自然或體質的展現，所謂『人』的做為開始加進來心理的發展過程，那麼這些有人以自己為名，開始累積經驗後，這些經驗就有著人為的『文化』的成分了。」（蔡榮裕，2022.11.03山風頻道）

要走下去，目標才會逐漸現身，我們要能有迷路的能力：能夠參照遠方客體（即便在一開始，它只是部分客體）位置的辦法，可以停下來發現方向有誤，能耐得住挫折告訴自己「剛才那條好像才是對的」，能夠記得別條路的景象，回頭再走下去……。這如同記得種種部分客體的特性，以及與他們的關聯。

在無盡世界的海邊，孩子們在玩耍（On the seashore of endless worlds, children play.）。這

是溫尼考特在文章開頭引用泰戈爾的詩句。海灘如上述的潛在空間，這或許象徵與客體或世界的中間，仍存在許多名字，他們是以部分客體的形式讓主體認識，好像是但也不那麼像是，充滿變化與形貌；這個關係的本身便如同遊玩一樣，無須分清楚到底是沒有名字所以可以玩、還是玩的過程也是為了找到名字──玩的本身是沒有目的的。但這在現實生活中，可能更常以充滿情緒而不只是玩興的方式出現：有時我們覺得某人很和善，但有時又很可怕，這個人到底是誰？他們是同一人嗎？甚至這個某人也可以是我們自己，然後我們不斷問自己「為什麼會這樣」地找著名字──孩子要如何能在變化中不被恐懼淹沒地「玩」下去、如稍早的譬喻，在迷路的時候記得景象，再找下去呢？

　　榮格分析師Plaut（1966）認為：「形成意象（images）並建設性地通過重組成新模式來使用這些意象的能力──與夢或幻想不同──取決於個人信任的能力（ability to trust）。」溫尼考特同意地說：「信任這個詞表明了對我所說的理解：在最大依賴的區域中、在分離與獨立的樂趣與採納以前，基於其中的經驗來建立信心。」

　一顆石子有著微心大義，那麼精神分析是人造大自然嗎？

因為支持性環境的協助，一份來自真實客體的成全——為了滿足孩子的需求，母親願意被當作物體使用——讓孩子能夠把不同的意象或部分客體，一次次重組成新的模式，一種迷路的能力，可以相信自己的「不相信自己」，讓部分客體的名字有別的可能，慢慢地構築與真實世界之間的海岸，在這裡，海浪可以是一個名字，也可以是每一次拍上岸來都不同的花朵。

　　「文化體驗之所在是個體與環境（原本是客體）之間的潛在空間（potential space）。對於每個人來說，這個空間的使用取決於在個人存在的早期階段發生的生活經歷。……潛在空間只在關於嬰兒的自信感之中發生，也就是說，自信關係到母親形像或環境因素的可靠性，自信是可靠性被內化的證據。」孩子不再為了滿足迫切的身體需求而行動，源於相信母親或者環境可以處理它們，思維不再只是被「需要」的感受占據，以至於可以使用這些「需要—滿足」的經驗，在這裡「需要」長出了東西，這種在得到滿足後，出乎意料的生長帶來了新的視角，讓嬰孩開始好奇「一滿足」之後會不會長出什麼，從此他開始可以遊玩。如《地海巫師》的主角格得，在孩童時期學會

動物的真名，他便開始享受找尋事物真名的樂趣，儘管「那段韻詞給了他力量支使山羊，他笑起來，把韻詞再喊一遍。這次，山羊更加靠近，挨挨蹭蹭圍攏在他周遭。牠們厚凸的羊角、奇怪的眼睛、詭異的靜默，突然間讓達尼害怕起來。」這些熟悉的生物，居然因為語言而變了樣，如同被自己奪走他們過去的存在一般，知曉真名拉展出了一個奇異的時空，在這裡，如溫尼考特描述的過渡空間，主體的幻想是有力量的。

　　「海洋的名字是『伊尼恩』，人盡皆知，沒有問題。可是，我們稱為『內極海』的那座海洋，在太古語裡也有自己的名字。既然沒有東西會有兩個真名，所以『伊尼恩』的意思只可能是：『內極海以外的全部海洋』。當然它的意思也不僅止於此，因為還有數不清的海洋、海灣、海峽，各自有各自的名字。因此，要是有哪個海洋法師瘋狂到想要對暴風雨施咒，或是平定所有海洋，他的法術就不僅要唸出『伊尼恩』，還得講出全群島區、四陲區、以及諸多無名的所在以外，包括整個海洋中的每一片、每一塊、每一方。」要能對暴風雨施咒，地海巫師世界裡的法師得知曉整片海洋的名字，儘管如此就能控制它們，但

　　　一顆石子有著微心大義，那麼精神分析是人造大自然嗎？

也就是這種細緻的空間與時間的需要，讓「法師只可能控制鄰近地帶那些他能夠精準完備地叫出名字的事物」以避免不可改變的事物被輕易改變而破壞平衡，使得失去平衡的海洋淹沒居住的島嶼。

　　溫尼考特所提到的過渡空間，也是圍繞著主體所見所想，或者說那是他與世界接觸的介面，在那裡似乎也有魔法運作著；而去改變事物形同引發世界的毀滅，這若是發生在精神世界，主體又是基於怎樣的欲望要去改變世界？他會看見、發現自己正在這麼做嗎，或者那會像是溫尼考特描述，在客體關聯（object relatedness）的階段，在幻想中不斷摧毀客體，讓真實的客體感受痛苦，但孩子毫無察覺的狀態？這樣的欲望可以如何命名（認識）？對身在其中的孩子來說，重要的是可以改變現實的能力，還是這個欲望一旁還沒被發現的名字，正使用這股強烈的欲望，讓人看不見「那裡還有什麼」？就如同把玩耍的海岸，變成唯一的海岸，一件事只有一個名字，每次的浪花都一模一樣，在那裡因為事物只有一種名字，所以能夠超越時空限制地操控，形同沒有時間的沒有分離。

　　地海巫師中，命名師傅所提到「很多具備雄厚

力量的法師，終其一生都在努力尋找一項事物的名字
——一個已然失卻、或隱藏不顯的名字。儘管如此，
現有的名字仍未臻完備，就算到世界末日，也還是無
法完備。只要你們仔細聽就會明白為什麼。陽光下的
這個世界，和沒有陽光的另一個世界，都有很多事物
與人類或人類的語言無關；在我們的力量之上，也
還有別的力量。」這聽起來，即使是一輩子的時間、
即便知曉的真名已經夠多了，法師仍不覺得他們找到
的就是那個名字；那是什麼力量驅使著他們找下去，
而不是把事物變成自己知道的名字就好了？是怎樣的
浪，會激起孩子的好奇，去想像它們在遠方是經由怎
樣的撫觸成形？象徵著「有我所不知」的時間是如何
從所有的浪都結合在一起的刹那、所有的海岸都連在
一起的幻想中現身？或者說，孩子是如何從母親一
次次的現身與消失，發現她可能別於自己一次次的呼
吸？

　　過渡客體是嬰兒和母親（或母親的一部分）結合
的象徵。這個象徵能定位於空間和時間的某處，在那
裡母親正在從（在嬰兒的腦海中）與嬰兒融合，過渡
到被經驗為一個被感知（perceived）而不是被認知
（conceived）的客體。客體的使用象徵著現在分離

　　　一顆石子有著微心大義，那麼精神分析是人造大自然嗎？

之兩物——嬰孩與母親——的結合，在他們的分離狀態開始的這個時空。

　　不只是與真實世界或客體之間，人與時間之間的海岸或許也存在一個過渡空間，我們關於過去的追悔，讓過去的某個客體持續作為部分客體，在幻想中被使用（現在的客體或已不在，而留存下來的，是為了心智中的驅力服務）。而我們對於未來的白日夢，則是形塑某個尚未成形的客體，給一個正在萌生的欲望使用；如果沒有時間，我們僅是經驗現在，那麼客體就只存於眼前的這個，沒有被記得的可能、也沒有潛意識被再現的可能了。這個與母親的距離與關係，成為一種悖論的迷路：從融合的，只有一個海岸的世界，因為認識夠多浪花的名字，而發現母親，才能開始與母親分離，最後再與她結合。母親表徵的將不再只是特定的名字，而是這個名字背後「已然失卻、或隱藏不顯的那些」，與母親的分離如同不再相信有一個終極的名字，而是接受「就算到世界末日，也還是無法完備」的這件事，便像是與母親所表徵的本質再次重逢。而這個歷程或許能從語言如何形成名字、如何從母親作為部分客體開始，成為孩子能夠命名的能力，再開啟尋找名字以及迷路的過程。

語言作爲一種過渡客體，它可以召喚記憶中的時間與空間，可能說出一句「ㄋㄟ ㄋㄟ˙」就能夠讓嬰孩想起與它相關的氣味、溫度、某個下午的溫暖陽光從窗外灑落的視覺景象與氣溫，以及替這些感官命名的母親，讓它們逐漸變得熟悉而不再陌生並引起氾濫的恐懼，這個乘載這些感官與記憶的存在，一個更難以描述的感官——那裡確實有什麼，但是「ㄇㄚ ㄇㄚ˙」這兩個音卻難以解釋，這個隱微而複雜的感受：語言背後還有什麼？

　　還沒能被思考的語言，如同母親還處在被感知而非認知的狀態，她還只是「ㄇㄚ ㄇㄚ˙」這兩個音、以及在各種身體不適時會現身的聲響，與被抱著的各種觸感，和源於身體內部的腸胃攪動、脹氣與眼睛裡的光一樣，就這樣出現了，而嬰孩還沒熟悉它們、因此還沒記得上一次也曾發生這些感覺；時間是記憶帶來的，這次跟上次、上次跟上上次，這些感覺與感覺是相似卻不同，讓一種原地打轉的狀態，被記憶堆疊起來而拉升成爲螺旋的梯子。

　　語言或理解帶來記憶的能力，讓時間成爲另一種感覺，「ㄇㄚ ㄇㄚ˙」這個音有時出現、有時消失，它和其他感覺一樣，是在身體裡嗎？像是潮水一樣不斷

一顆石子有著微心大義，那麼精神分析是人造大自然嗎？

拍上，但隨著嘴巴也能發出這樣的聲音，「ㄇㄚㄇㄚ·」好像有了更多的其他聲音：「對～我是媽媽！」，這些事件不斷在改變的節奏成爲了另一種感覺，那是只發生在心智中的事：上次和這次不同，這就是一種感覺，而它與「ㄇㄚㄇㄚ·」有關。

越來越多的聲音從「ㄇㄚㄇㄚ·」旁邊長出來，它們都可以和各種新的感受放在一起，也開始成爲新的記憶，當這些記憶與記憶各自長大，也會自己從各自的旁邊長出東西來，它們似乎也帶來「ㄇㄚㄇㄚ·」的另一種感覺。感知的累積帶來的節奏成爲了認知這種感官的底蘊，那是源自於另一個人的存在，而這種看似創造，實爲發現的歷程，如Bion在1977年的著作《兩篇論文：網格與休止符（Two Papers: The Grid and Caesura）》中寫到「在他母親的子宮裡，這個人認識了宇宙，卻在出生時忘記了它。」母親成爲宇宙的象徵——不只是她身後，由她慢慢介紹給嬰孩的社會，還有她心智中、潛意識中不爲人知的、可以連結的無數可能。「如果嬰兒從分離受益，這就不是分離，而是合一的一種形式（a form of union）」（文化經驗的所在），嬰孩在自己的語言裡發現了時間，創造了空間，看見母親而與她分離，但他的語言將如

魔法，能夠帶自己回到特定的時空，甚至召喚尚未與母親分離的感受；在這個過程裡，真實的母親逐漸與內在的母親分離，兩者相互象徵——真實的母親象徵著嬰孩內在的思維、內在的母親象徵著真實客體的存在（愛）。在自己的語言裡發現母親的影子，將她感知為「一種」知覺，從旁走出來，看見自己的影子，以及被宇宙象徵的無數思考的連結的光。

　　「將會看到，如果這個區域被認為是自我組織的一部分，這是自我的一部分，但不是身體自我（body-ego），它不是建立在身體機能（body functioning）的模式上，而是建立在身體經驗（body experiences）。這些經驗屬於非高潮（non-orgiastic）類型的客體關聯，或者屬於所謂的自我關聯（ego-relatedness），可以說，是在連續性（continuity）止息並讓位給比鄰（contiguity）的地方。」（文化經驗的所在）

　　當孩子熟悉從身體一陣一陣襲來的本能，使得「ㄇㄚㄇㄚ˙」與它們分離，「需要一滿足」這個二元的直線，開始拓展不同的滿足與需要，成為一個平面。有些需要，不見得只能透過一種方式滿足，還可以有另一種；這使得需要與滿足相互交織，其中除了

一顆石子有著微心大義，那麼精神分析是人造大自然嗎？

高潮式的感官經驗，還有「不同」的心智經驗。甚至可以加入第三個軸線——「有什麼」在決定「滿足與需要」，後者成爲一種可被觀察的感受而非需要處理的問題本身，前者帶來了更寬廣的立體空間，遊玩在此處發生；孩子面對「需要」，不再只能訴諸帶來滿足的客體——以部分客體的方式與主體關聯著——而是可以「參照」。

　　如溫尼考特在1968年的文章《我們生活的所在》（The place where we live in）描述：「在與客體相關的人的生活中……我看到高度成熟的成年人對生活、美或抽象的人類發明的享受，同時也看到了嬰兒伸手去摸母親的嘴並感覺到她牙齒的創造性姿態，以及同時看著她的眼睛，創造性地看著她。對我來說，遊戲狀態自然會導致文化體驗，並且確實構成了它的基礎。」嬰孩在心中產生「有什麼」的雛型，因著自己的感官尋找、比對，外在發生的現實，與內在萌生的創意有怎樣的交流，其中的同或異不再是爲了交融或排除，而是更多的連結。如魔法系統裡試圖認識事物的本質，大海不只是大海，還有其中等待被認識的每一滴水，把以爲知道的答案，變成「還有什麼不知道的？」的問題，部分客體慢慢地從孩子的全能幻想

中退去，真實客體逐漸從他的問題之中現身，置於主體一旁，連續止息並讓位給比鄰，知曉真名但無需使用。

陳建佑

精神科專科醫師

臺灣精神分析學會會員

精神分析取向心理治療師

高雄市佳欣診所醫師

一顆石子有著微心大義，那麼精神分析是人造大自然嗎？

與談人：白芮瑜

在迷路時找到的一扇門

迷路了！也許是因爲地海巫師架構出來的完整世界作者使用的優美辭藻，讓人在閱讀時深入其境，看到建佑醫師第一句文字時，腦海中浮現的景色是四周圍繞著山岩、泉水、藥草花與四葉草的陌生地帶。迷路了，還是得繼續走，爲了找到方向。像是治療師在陌生地帶邊走邊鋪出一條路，在聆聽的過程中累積對說話者的理解，進入表面問題底下探訪內在世界，拆解與重新建構的過程中，最終治療師在路途中發現了什麼，他發現的會跟說話者想找尋的會是同樣的嗎？『欲成爲海洋大師，必知曉海中每一滴水的眞名。』我想像每一滴水的眞名或許在不同人心中，因爲了解程度的不同，意義也不一樣，會不會所謂眞正的名字，每個人心中有著不同版本？

在達尼決定踏上智者之島，到綏爾鎮上打聽柔克學院的護持，鎮民的回應不是直接告訴達尼答案，而是像猜謎一樣：「智者不需要問，愚者問了也徒勞。」、「學院護持不在他在的地方，但偶爾可在他

不在的地方找到。」（引自地海巫師，勒瑰恩著，蔡美玲譯，頁65，木馬文化出版。）相繼給出具有想像空間的模糊答案，頓時覺得很像泰戈爾的詩句，也像在閱讀《文化體驗的所在》溫尼考特的文字，好似介於「答案」跟「另一個問題」之間，好像如果未曾親身經驗詞句裡的狀態，讀起來會覺得離那些話語相隔甚遠，通透理解文字的意涵或者言下之意會是困難的，無法辨識「真名」一般。

而這樣的想像空間也聯想到在臨床情境中，治療師的話語是架出一席空間出來，在回應完後，個案是能在裡頭漫遊與聯想的，這像是一場連結過去經驗、感受此時此刻、可能接收了但吐出什麼，或者吸收了又激盪出什麼，來來回回的一場體驗性的「對話式遊戲」，回頭來想，那個模糊地帶可以讓兩個人在裡頭漫遊，直到透過自己找到，像是一開始在綏爾鎮尋找柔克學院的大門，最後發現原來是一扇不起眼的小木門哪？

幻術介於虛實之間

然而，不知道名字就不是真正認識嗎？在巫師

 一顆石子有著微心大義，那麼精神分析是人造大自然嗎？

世界，「真名」是需要小心保護的，似乎意味著萬事萬物雖肉眼可見，同時也可能只是視覺上的幻術小戲法？在幻象之下存在著什麼，等著被發覺、被看見？還是在那外殼底下包覆著渴望真實活著的靈魂？

達尼自小就知道自己內在有著天生的內在力量，身為巫師血脈中內含的「技」與「力」；前往智者之島精進自己的法術技能，親口唸著歐吉安法師寫給學院護持信中的叮囑「倪摩爾閣下！若形勢無欺，今日我送來的這位，他日將成為弓忒島絕頂卓越的巫師。」似乎也讓格得再一次知道自己未來鴻圖大展，被旁人期許著他將可以成為一位厲害的人。格得的積極努力與天賦異稟，當人們談起他時大多是稱羨，好像無形中也被賦予某種理想，簇擁著前進，使他渴望學習更多厲害的幻術，或許在某些場合或喜於嘲弄他的對象面前，可以來一場驚艷眾人的華麗表演。

在形似學院詢問手師傅，如何把「以假亂真」（石頭形似鑽石）變成是「假的真的是真的」（石頭本質變鑽石）。這個假的真的是真的，想到溫尼考特提到「假我」的概念，出現在生活中的刺激——格得接收了旁人隱晦嘲笑自己不足與弱小；也接收外界對他理想化的期待——為了能夠證明自己的厲害，發展

出假我的樣貌來符合外在環境需要，逐漸迷失在何謂「真正厲害、絕頂卓越」的概念裡。

在鍾孟宏導演《陽光普照》裡，駕訓班教練爸爸的人生座右銘是「把握時間，掌握方向」，他也是這樣告訴他的孩子，孩子被賦予沈重的寄望並且被塞滿豐富資源，盡可能符合外界賦予他的人設，「努力讀書、考上醫學院」，而靈魂卻像是漂浮在補習班裡、家裡遊走，不知何去何從，不清楚自己是誰；孩子羨慕司馬光有個水缸可以躲，陽光照到的地方似乎足以把真我灼傷似的，因此用一層外殼來保護，外殼卻也讓他遺忘了自己的本質。（參考自陳瑞君，2022.11.29山風頻道，心理的午餐）

格得在鐵若能宮，為了逃離怪獸的追殺，變形成老鷹的形態，以法術變幻成「鷹形」徹夜飛行，『他穿戴隼鷹的雙翼，也透過隼鷹的雙眼觀看天地，漸漸他忘了自己原本知道的想法，只剩下隼鷹知道的想法：飢餓、風、飛行路線。』（引自地海巫師，頁185。）直到歐吉安師傅精準叫喚出他的真名，才回復成他自己原本的「人形」。假我被建立地越發厚重，也離認識真實自我越來越遠，長時間變換的代價是迷失在虛幻與真實之間，好像即使活著也難以感受到踏

一顆石子有著微心大義，那麼精神分析是人造大自然嗎？

實；像電影《全面啟動》詮釋出來的，徘徊在夢境與現實之間，逐漸分不清現實與假象，已經忘記自己是誰，為什麼要在這裡。

然而，歐吉安是如何在變形幻術底下看出老鷹其實是格得呢？

施展揭露術

有一天，小魚問一隻老魚：「海洋在哪裡？我要去找它！」

老魚：「海洋？你就在海洋當中了啊！」

小魚：「不！這不是海洋！這是水！」

老魚：「我們一直都在其中，沒有離開。」

（取自《靈魂急轉彎》）

標題「只能控制精準叫出名字的事物？」聯想到《地海巫師》裡面有一段提到，在達尼13歲那天舉行完成年禮，歐吉安師傅授與達尼真名後，開始跟隨師父到銳亞白鎮學習，一路上沒有做什麼，只是走路，師父說學藝已經開始了，「等你從四葉草的外形、氣味、種子，認識四葉草的根、葉、花在四季的狀態之

後，你就會曉得他的真名，明白它存在的本質了，這比知道它的用途還重要。」在細節之中了解萬物的本質，肉眼可見的表象只理解到表層的意義。

　　就像在診療室裡，治療師聽到的話語需要被細細拆解，進入案主開的一道狹隘窄門，擠身進去搜集記憶的零碎片段，探究碎片底下的感覺，那是蘊含著整體文化脈絡底下逐漸形成的模樣。有時候好像浸在其中，少了意識化觀察、體驗或感知，感知自體與外在世界的互動，以及透過自己發現這些是如何交織在一塊兒的，就會像小魚的疑問、格得的困惑，形成一種不斷苦苦追尋答案的漫漫長路。那麼該怎麼找到它？它有名字嗎？

用語言精準叫喚

　　「……給予我們力量去施展魔法的，也同時限制了這份力量的範圍。因此，法師只可能控制鄰近地帶那些他能夠精準完備地叫出名字的事物。」（引自地海巫師，83頁。）。在巫師世界裡「一體至衡」，即使有法術，但法術也有範圍限制，魔法世界裡也有它維持平衡的方式，力量不至於無邊無界地擴展出

一顆石子有著微心大義，那麼精神分析是人造大自然嗎？

去，就像在治療框架裡，語言如果也像治療師擁有的魔法，能夠節制地運用，而不至於施力過猛、詮釋過頭，在正確的時機施展，並且對所使用的對象要能夠起作用，需要先知曉它的名字，想到在臨床現場裡，會不會也有施咒無效的時候？關於語言的限制，每一個經驗、感覺假設都有它自己需要被喚出的「真名」，當精準地貼近某種內在世界的過去現場，也可能暫時忽略了同時存在的經驗或感覺，語言到得了的地方也可能有還未觸及到的層面，那些地帶或許目前還沒有名字，不知道真名，也因此無法了解、難以掌控。

像書中最後提到，「因為開闊海的魚不知道自己的真名，所以也聽不懂法術。」因此沒辦法把牠們釣上船，搭起單向魔法的橋樑是無效的。也像被格得釋放的黑影，他說黑影沒有名字，使得他被無名的恐懼苦苦追趕與圍繞，是鬼魅一般形影不離，在無以名之的恐懼尚未被知曉它的名字之前，就如同一塊自己的影子，類似人形，但沒有人踩得到自己的影子，似人非人的詭異感，走到哪裡跟到哪裡卻捉不到它，只有在能夠與它穩穩結合，能夠與之共存時，回到它來自的地方。

白芮瑜

國立臺灣大學 心輔中心 專任心理師

古意心理諮商所諮商心理師

臺灣心理治療個案管理學會祕書長

一顆石子有著微心大義，那麼精神分析是人造大自然嗎？

第四章

召雲：法師只有需要時才使用法術！

王盈彬

「宇宙是平衡的，處在『一體至衡』的狀態。巫師的變換能力或召喚能力會動搖天地平衡，那種力量是危險的，非常危險。所以，務必依知識而行，務必視需要才做。點亮一盞燭光，即投出一道黑影……」（註一）

在這樣隱約透露著「能量守恆」的脈絡中，法師要使用法術來成就或扭轉當下的現實，勢必會調動整體宇宙的能量分布來進行，也就是會有可能打破原本自然界的運行規律，因此，除非有充分的理由，謹慎的考量成為必須。這種失衡的體會，其實在我們的日常生活中，已經不斷的在發生，比方說：為了各種經濟的理由而開發森林海洋、為了人類生活的品質所進行的各種物質改造……等等。雖然人類不全然是巫師的化身，但是對大自然而言，或許我們是這樣的存在。

在精神分析的發展研究脈絡中，佛洛伊德也觀

察到，人類的意識和潛意識的運作，也使用到這樣的「能量守恆」的基礎概念，只是這樣的領域相當廣闊浩瀚，甚至到現代已經被細化或標定的是各種能量間的轉換移動，但是當年也就以這樣的基礎，發展出了最早年的精神分析。最基礎的概念是，所有被潛抑的情感能量，會不斷尋找出路，以行為、想法、症狀……等方式，多樣而迂迴地呈現在意識的層次，而且身體和心靈的互相協用，也是以如此的基礎在運作著。

當我們在談論這一個題目「召雲：法師只有需要時才使用法術」時，如果直接和精神分析來做連結，很容易就想到，與治療師只有在需要的時候才會進行詮釋的條件，可能可以是平行呼應的一種狀態，只是治療師有沒有辦法如法師一般的動用天地，恐怕仍是未解，畢竟治療師面對的是在診療室裡的個案，和法師有所不同。如果我們只由結構面來討論，會發現這一個結構組合牽涉到三件事情，一個是法師（分析治療師）、一個是需要、一個是法術（詮釋），這三樣元素都有其存在的基本條件與背景，當這樣的基本條件成立，其組合的方式跟運作的程序，必須在一定的脈絡跟架構中運作，最終才有辦法進行召雲（分析）

一顆石子有著微心大義，那麼精神分析是人造大自然嗎？

的動作,來解決需要召雲(分析)的困境。

　　如此一來,我們就可以想像,在精神分析發展的這一百年來,「詮釋」這一個精神分析的關鍵技術,會需要在如何的脈絡下被精準的使用,不僅如此,詮釋的時機和內容,更是關鍵中的關鍵,因為這會牽涉到精神分析如何看待人的發展以及疾病病理這件事,而各門各派的立場也就變得相當的重要。

　　「出於本文的目的,詮釋將在最廣泛的意義上,定義為言語反饋的提供,旨在增加患者的自我理解。因此,除了更狹義的定義之外,澄清、同理反思和面質,都將被視為詮釋活動的形式,狹義的詮釋定義,涉及將此時此地的移情表現與從當時那裡衍生的起源星座聯繫起來。」(註二)

　　這一段引文是一篇整合性的文章,企圖要說明精神分析各門各派之間不同的立論位置,以及因此所運用的同樣稱為「詮釋」技術的不同本質,於是由這一個詮釋的定義出發,問題也由此出現了,不同本質的詮釋,如果要增加「自我理解」,那麼要理解的是甚麼?這其實是一個滿複雜的議題,於是我也就先回到最基礎的治療室的兩人關係,這是從一個「需要」開始的概念,當有病人需要精神分析治療的時候,這樣

的合作關係才會開始啟動建立起來，如果不是在這樣的一個求助者跟助人者的關係上，也就是有一種需求跟被需求的組合時，這樣的技術是沒有位置可以進行接下來的治療和處遇。當然，需要的精神分析，又會是哪一種精神分析？而這一個治療或處遇，就像是法術一樣，企圖可以扭轉所謂臨床的症狀和病情，尤其在對應相關的症狀或疾病，對症下藥就成為一個必然也必須存在的因果條件。

有關精神病理學

「在他的職業生涯結束時，佛洛伊德（1937）開始評估精神分析作為一種治療方式的侷限性。他發現精神病理學和性格結構對改變有很大的阻抗……如果以佛洛伊德的技術建議為基準，很明顯技術創新基本上偏移往兩個方向。一個方向的中心思想是，古典技術在解決充滿焦慮的無意識衝突方面過於保守，需要更直接、更有力和系統地解決對無意識過程意識的阻抗。另一方向的中心思想是，古典技術已經過分強調在中立的背景下對防衛、阻抗和潛在移情的分析，而忽視了建立一種治療關係和建構精神結構、活動，

一顆石子有著微心大義，那麼精神分析是人造大自然嗎？

這些被視爲是對無意識衝突進行有意義的分析的前驅及需要奠定的基礎。辯論集中在相對強調和優先的問題上，這些問題取決於從保守到激進方法的一種連續體上。當古典技術被認爲過於保守時，創新的方向一直是更直接、更積極、更系統地解決潛在的移情。」（註二）

　　當詮釋作爲一種精神分析治療的關鍵技術手段時，我們必須要研究知道，詮釋到底改變了甚麼，或是治療了甚麼。就像使用法術一樣，一定有其使用的背景原因，以及想要達成的目標一樣。當古典精神分析從研究精神官能症出發，漸漸的進入到研究精神病狀態的領域時，同樣是詮釋的技術，也因此開始有了需要調整處理的面向。這種病理學樣態的發掘變化，是當年佛洛伊德往潛意識前進，企圖尋找症狀的起源，進而給予適當治療的不斷鑽研。但是也因爲不斷的發現，加上其他學門的發展的挹注，於是必須也有機會不斷對於其假說或理論進行的修正。

　　佛洛伊德在精神分析發展之初，主要處理的是當年罹患歇斯底里症的個案，最經典的著作案例是「朵拉」，也由此展開對治療情境中的「移情」現象，有了更深入的探究，因此奠定了精神分析的關鍵技術層

次。當年，佛洛伊德認為，唯有能夠有移情現象的個案，藉由詮釋其阻抗，精神分析才有介入的機會。而精神病的特質，因為牽涉到更早期的發展困難，因而無法只停留在內在衝突的辨識與處理。後輩的精神分析師們，隨著接觸精神病的經驗越來越豐富，理解到了外在現實環境的影響性，於是在精神分析的論述和技術層面上，都做了一定的修正和變革，最具代表性的人物包括了Winnicott、Bion……等。這與我們在探討精神內在的「衝突和匱乏」的議題時，是息息相關的，這甚至是當年Klein和Anna Freud的論戰。簡單的說，如果症狀是衝突妥協的產物，那麼我們就來化解或理解衝突，症狀自然可以被理解或改善；但是如果症狀是匱乏的產物，那麼我們就必須思考如何彌補，或是接受匱乏。於是詮釋的技術自然會有所變化。

「關於詮釋的技術運用也存在爭議：要詮釋的精神生活的顯著面向是什麼？詮釋應該只關注移情，還是也要關注患者的移情外心智生活？詮釋應該是指那些接近患者意識覺察的心智內容，還是與患者幾乎沒有意識聯繫的內容？」（註三）

如果把精神分析師的「詮釋」和外科醫師的「手

一顆石子有著微心大義，那麼精神分析是人造大自然嗎？

術刀」作對照，就如同佛洛伊德把精神分析和外科手術做對照一樣，當年是要把精神分析的詮釋技術，定位在協助聯結的位置，並非像外科手術是要切除病灶，於是在做詮釋的態度上就會有所不同。同樣是希望病情改善，但是方向變得不同。

「我不能建議我的同事，太過急於以外科醫生，作為自己進行精神分析治療的榜樣，外科醫師將他所有的感情，甚至是人類的同情心都拋在一邊，並將他的心智力量集中在盡可能熟練地執行手術的單一目標上。在當今的情況下，對精神分析師來說，最危險的感覺是：通過這種新穎且相當有爭議的方法，從而對他人產生令人信服的效果，進而實現的治療野心。這不僅會使他陷入不利於他的工作的心理狀態，而且會使他對患者的某些阻抗無能為力，據我們所知，患者的康復主要取決於他內在力量的相互作用。」（註四）

詮釋的時機（需要）

「他希望盡快到達，所以才運用法術，因為在他後面的東西比在他前面的東西更讓他懼怕。」（註一）

「詮釋的時機」的議題，可以是所謂的「適時性」，大致的概念就是在正確的時機介入，因此可以獲得接續的改變，讓臨床的症狀緩解。而這樣的一個詮釋時機的議題，在精神分析發展史上，是經過一些演變的，而這些演變的分類，大致上也就勾勒出精神分析在看待人性潛意識這件事情的變化，這也把許多不同的精神分析學派給分類出來。大致上可以依據精神病理學，把詮釋的功能分成兩大類，一大類是用來解開所謂的衝突，另外一大類是用來支撐匱乏，也就是說，早年佛洛伊德所認為的詮釋，是要解開伊底帕斯情結的衝突，而隨著各種臨床經驗的增加，詮釋不再只是具有這樣的地位，接補上來的是，藉由把詮釋的準備，認為像是一種支持的語言，最後可以讓個案邁向成熟健康的道路。甚至，需要動用的並非只是語言的層次。

　　「在對付那個無生體的節骨眼上，所有巫術都無用武之地，只能靠自己的血肉之軀和生命。」（註一）

　　我們來細看一下何謂時機，以及精神分析所希望造成的改變，必須在如何的時機中將詮釋應用，最後獲得健康的調整，我想這是一個古老的議題，但是也

一顆石子有著微心大義，那麼精神分析是人造大自然嗎？

隨時都需要給予更多新的整理。這也是詮釋所希望造就的成果。

「佛洛伊德在他的心智圖譜（topography）中，沒有給予文化事物的體驗一席之地。他賦予內在精神現實新的價值（value），並由此產生了對眞實（actual）的和眞正（truly）外在的事物的一個新價值（value）。」（註五）

一個舊有的存在，被一種技術處理之後，擁有了一種新的價值存在，彷彿是一種召喚術，並非無中生有，而是將原本已經存在各地的英雄豪傑，因爲某種神聖的目的，而被聚集起來，準備進行一場創國創舉。而這些英雄豪傑勢必必須先存在，才有可能在適當的時機點，被召集起來，

「在無盡世界的海邊，孩子們在玩耍。——泰戈爾……泰戈爾的名言一直讓我很感興趣。在我的青春期，我不知道它可能意味著什麼，但它在我身上找到了位置，它的印記並沒有褪色。當我第一次成爲佛洛伊德學派時，我已經知道這意味著什麼。大海和海岸，表徵著男人和女人之間無盡的性交，孩子從這種結合中出現，並在成爲成年人或父母之前擁有一個短暫的時間。」（註五）

Winnicott在這一段話中，把他曾經留下的字句印記，當與精神分析相遇時的光電火石進行了有機的碰撞之後，產生了絕妙的變化與再生，並因此和他自己兼具的小兒科專業，進行了新的互動和領悟，產生了新的價值和存在。這期間有一種等待，等待有用的元素發展後可以聚集，

　　「已經很長一段時間，我的心思一直處於一種尚未知道（not-knowing）的狀態，這種狀態具體化為我對所謂過渡現象的表述。」（註五）

　　這樣的一個等待的狀態，具體化之前，需要一個技術上的處理，於是，Winnicott最後給予這樣的一個命名「過渡現象」，就像是一個召喚術的術語，把在這期間發生的事情，用了一個新的名字，產生一個新的組合，可以運作起一個特別的功能，也給予這個階段一個新的定位，而這是佛洛伊德當年尚未做到的一個部分，由Winnicott來補上，並說明了這個現象的本質，

　　「我對過渡現象的表述的一個重要部分是（正如我已經說到令人厭煩的），我們同意永遠不要對嬰兒提出挑戰：是你創造了這個客體，還是你方便地就發現它躺在你的周圍？事實上，這個客體是嬰兒與母親

　　一顆石子有著微心大義，那麼精神分析是人造大自然嗎？

（或母親的一部分）結合的象徵。」（註五）

當我們把詮釋定義為一種使用語言的方式，要將我們在前意識或潛意識，那些呼之欲出的意義，給標定出來運作的範圍時，我們可以很清楚的看到，語言的使用成為一種必然，就如同要執行法術就必須要有法術的語言一般。然而，Winnicott所指出來的位置，並無法用一般的語言來存放跟操作，換句話說，這種等待的過程，並不允許用語言來催促或定位，於是我們獲得了一個難題，既無法用語言又如何理解和溝通呢？而在無法使用語言的狀態，我們又該如何取得彼此的默契，來處理這個法術所應該產生的價值與功能，

「將會看到，如果這個區域被認為是自我組織的一部分，那麼這裡就是自我的一部分，它不是身體一自我的一部分，它不是建立在身體功能（body functioning）的模式上，而是建立在身體經驗（body experiences）。」（註五）

也就是說，必須在身體擁有一定經驗的累積之後，才能在這一個組織中存在一個地位，並不是因為你有這個功能性，就已經存在了，換言之，當詮釋是一種語言功能的呈現時，必須在一定的身體經驗之

後，才能夠把它整合起來。

　　「這是沒有先設定好的遊戲，所以一切都是有創意的，儘管遊戲是與客體關聯的一部分，但發生的任何事情對嬰兒來說都是個人的。一切身體的東西都經過富有想像力的精心闡述，都被投入了前所未有的品質。」（註五）

詮釋的危機

　　「分析師需要注意，不要創造一種自信的感覺和一個可以進行遊戲的中間區域，然後用實際上來自他們自己創造性想像的詮釋，來注入其中或炸毀這個區域。這種詮釋會積累爲迫害元素。」（註五）

　　「萬事皆備、只欠東風」，這是一個大家耳熟能詳的明訓。意思大致是說，要成就一個具有目標性的任務，會有一些必須具備的基本元素，其中有一個要素，負責統整跟領導，或者用Winnicott的說法，會是management，我們現在說的是「經（管）理」，在很多的場合可以聽到這樣的角色，像是指揮、統帥、之類的角色。在小說裡，這些法術所運用的材料，並非無中生有，像是裡面的召雲術，雲朵本來在

　　　一顆石子有著微心大義，那麼精神分析是人造大自然嗎？

它原來有的位置，一旦接受召喚，離開了原有的位置，雖然可以爲當地的人們帶來雨水，但是也就讓原來它應該下雨的地方，減少了下雨的機會，就像我們日常生活中，熬夜了就該補眠一樣，而補眠的時刻也就暫停了原本的運作。於是，一個施法或一個詮釋，如果可以成就一個正在當下的任務，解鎖了複雜的內在矛盾，卻可能會在同一個地方，改變了其他地方的生態。改變是必然的，如果這讓所有的部門都可以運作起來，倒也是一件不錯的事情。

「格得也跟隨『召喚師傅』一同習法……他教的不是幻術，而是眞正的魔法，就是召喚光、熱等能量，以及牽引磁力的那種力量；還有人類理解爲重量、形式、顏色、音聲等的那些力量。那些都是眞正的『力』，源於宇宙深奧的巨大能量。那種力，人類再怎麼施法，再怎麼使用，也無法耗盡或使之失衡。學徒們雖然早已認識天候師傅及海洋師傅呼風喚海的那類技藝，但是只有他曾經讓眾學徒見識到，爲什麼眞正的巫師只在需要時才使用這種法術：因爲召喚這些塵世力量，等於改變了這個世界，而這些塵世力量也是世界的一部分。他說：『柔克島下雨，可能導致甌司可島乾旱；東陲平靜無浪，西陲可能遭暴風雨夷

平。所以除非你清楚施法後的影響，否則千萬不要任意行動。』」（註一）

這是一種比較極端的狀況，也就是並非是萬事俱備，而當詮釋或法術施用的時候，反而讓原本已經乾枯枯竭的部位，承受了更難以承擔的汲取，變成一種虐待的感覺和行為，於是這可能進入一種專制的狀態，只為了成全當時的目的，卻也就犧牲扭曲了原本正常運作的心智機器。

「因此，要是有哪個海洋法師瘋狂到想要對暴風雨施咒，或是平定所有海洋，他的法術就不僅要念出『伊尼恩』，還得講出全群島區、四陲區、以及諸多無名的所在以外，包括整個海洋中的每一片、每一塊、每一方。因此，給予我們力量去施展魔法的，也同樣限制了這份力量的範圍。也因此，法師只可能控制鄰近地帶那些他能夠精準完備地叫出名字的事物。這樣也好，因為若非如此，那些有力量的邪惡分子或智者之中的愚頑分子，一定早就設法去改變那些不可改變的事物了，那麼『一體至衡』勢必瓦解，失去平衡的海洋也會淹沒我們冒險居住的各個島嶼，太古寂靜中，一切聲音和名字都將消失。」（註一）

於是，在不對的時機進行的詮釋，可能會導致原

　　　一顆石子有著微心大義，那麼精神分析是人造大自然嗎？

本想要解決的病理學症狀，變成另一種更奇怪而難解的存在，就像是要動手術時，如果沒有準備好各種術前及術後的必須，可能手術成功了，但是病人卻死亡了。而各種的臨床經驗的累積，也就逐步成就了這樣的操作細節。

「阻抗的分析，在詮釋對充滿焦慮議題的覺察的防衛的意義上，相當於反對患者試圖維持、實現、恢復和增強自我穩定感、自我等同感、和自我連續感。那麼技術問題就變成了，這樣的趨勢應該何時被反對，以及何時應該被支持了。正如我在其他地方提出的那樣，在詮釋這種嘗試的防衛性、自我挫敗性或嚴格界定的本質之前，應該先肯定地詮釋患者為發展自我穩定感、自我一致感和自我連續感所做的努力（Josephs , 1988）」（註二）

這像是一種客製化的歷程，彷彿是一種在Winnicott筆下描繪的母嬰關係的美好搭配，那種母親以一種亦步亦趨的方式和態度，讓嬰兒慢慢以他可以接受現實的劑量，一點一滴的進行著，擴大了古典的精神分析的理論論述，讓分析師的介入，不再只是停留針對在負向移情的解讀詮釋，而是形成一種詮釋的策略，為了經營可以運作的詮釋所做的準備。

「到目前為止，我們只有一種分析師無意識的非語言參與的理論，這種參與的不是對患者角色誘導的反應，就是分析師自身未解決的精神官能性衝突的產物。那些缺少的和仍未被承認的，是分析師的前意識和自願執行一種非語言介入的理性策略的一種理論，該策略是為特定患者的獨特需求量身定制的。」（註二）

結論

　　「『形成』可以說是由各路人馬聚集而成的一個基礎建設，是『安全』的一個重要的基礎關鍵，因為弄臣的『詮釋』冒著一些危險，必須來來回回的斟酌和衝撞，讓自戀的國王有機會聽入，才有機會讓現實和想像持續交流，不會一直禁錮在痛苦的煎熬中。」（註六）

　　安全的形成，是詮釋很重要的基礎，因為我們所要面對的常常已經是帶著破碎痛苦的創傷經驗來到診療室中的對象。就像法師想要施用法術時，已經是面臨需要伸出援手的時刻，企圖拯救的是亟待救援的對象，是一種危及的狀態。就像是即將送上手術檯上的

一顆石子有著微心大義，那麼精神分析是人造大自然嗎？

病患，非不得已才會需要動手術，也就是當生命受到威脅時，而手術可以幫上忙的時刻，因此，各種術前術後的準備和評估工作，往往是決定手術是否成功的重要關鍵。

「在闡明促進獲得新精神結構的技術面向，Winnicott、Balint和Kohut是傑出的。儘管他們在共同的發展參考框架內有不同的敏感性，但在他們的技術理論中特別值得注意的是，他們沒有阻抗的這個詞彙，也沒有明確警告，阻抗的分析可能會干擾治療的展開。對於這些理論家來說，詮釋服務的最高目的，在於促進獲得新的精神結構。然後根據它對發展過程的促進或阻礙，來看待詮釋的時機。」（註二）

身體太虛弱的人是無法動手術的，也就是能接受動手術的人，身體要有一定的質量，才能承受這樣的破壞性的建設，於是這樣的質量需要經過一段時間精心的培育。能夠撼動天地的法術，有其不得不施行的緊迫感，以及必須要準備好但是不要發生的犧牲。精神分析的「詮釋」技術，隨著時代的推進，身心疾病病理的研究演化，以及各個學派的細化，已經分層次的逐步展開其質地的調整。如何的情境，可以運用如何的詮釋策略，已經把精神分析的視野，不斷加深加

廣了，因此不只是需要詮釋，何時詮釋、詮釋甚麼、詮釋前後的準備工作……等，自然而然成爲精神分析的職人們的日常。

「當對古典方法的批評是對關係建立的關注不夠時，技術建議集中在詮釋的策略上，這些策略被認爲可以促進治療關係，如同更加強調被認爲可以促進適當治療氛圍的非語言情感態度。無論是自我心理學家的培養工作聯盟和觀察的自我，客體關係理論家提供包容或支持環境，還是自體心理學家通過同理促進自體客體的移情，其基本思想都是相同的：在有效地進行衝突防衛分析之前，必須建立一種本身具有部分治療作用的治療氣氛。」（註二）

參考文獻

・註一：《地海巫師》：勒瑰恩著、蔡美玲譯，木馬文化出版。

・註二：Lawrence Josephs PHD (1992). The Timing of an Interpretation: A Comparative Review of an Aspect of the Theory of Therapeutic Technique Psychoanal. Rev., (79)(1):31-54.

・註三：Auchincloss, E. L. and Samberg, E. (2012).

一顆石子有著微心大義，那麼精神分析是人造大自然嗎？

Psychoanalytic Terms and Concepts.

- 註四：Freud, S. (1912). Recommendations to Physicians Practising Psycho-Analysis. The Standard Edition of the Complete Psychological Works of Sigmund Freud, Volume XII (1911-1913): The Case of Schreber, Papers on Technique and Other Works, 109-120

- 註五：D. Winnicott (1967). The Location of Cultural Experience. Int. J. Psychoanal., (48):368-372.

- 註六：《莎士比亞與精神分析（Ⅰ）：打開別人的痛苦，你的療癒會留下陪你或遠走他鄉？》，邱錦榮……等合著。薩所羅蘭出版。

王盈彬

精神科專科醫師
精神分析取向心理治療師
臺灣精神醫學會會員
臺灣精神分析學會理事
臺灣心理治療個案管理學會常務監事
臺灣精神分析學會《台南》心理治療入門課程召集人

英國倫敦大學學院理論精神分析碩士
王盈彬精神科診所暨精神分析工作室主持人

一顆石子有著微心大義，那麼精神分析是人造大自然嗎？

與談人：彭明雅

「宇宙是平衡的，處在『一體至衡』的狀態。巫師的變換能力或召喚能力會動搖天地平衡，那種力量是危險的，非常危險。所以，務必依知識而行，務必視需要才做。點亮一盞燭光，即投出一道黑影……」（地海巫師，勒瑰恩著，蔡美玲譯，木馬文化出版。）

從這個片段揭開了「召雲：法師只有需要時才使用法術！」這個題目的討論，單看這題目的文字，有種被警示的味道，像是給法師的一句忠告，非必要時不可以輕舉妄動濫用法術，接著讓人開始想下去那什麼時候會是需要的？能正當合理的使用？王醫師提到若直接與精神分析做連結，容易想到治療師只有在需要的時候才會進行詮釋，以及治療師在治療室中給予詮釋的運用與時間點是否恰當。地海巫師中格得面對賈似珀的種種挑釁、女孩引誘施法，這些情境都讓格得感覺到自尊被挑戰，想做些什麼證明自己，可能並不是真正需要使用法術的時候。

讓我想到關於治療師在心理治療中因反移情而出現的「行動化」，治療師因自己內在未解決的議題衝

突，對個案產生了不當情感、理解，而做出非理性反應，或喪失治療關係應有的客觀性。治療師面對案主時突然間被勾起心中的負面感受，欲快速排除負面感受而衝動給予未經思考的行動化回應，也像是將自己的黑影在那一刻不小心召喚出來。除了上述提到施展法術的時機，讓我更好奇的是這個法術（詮釋）的使用是誰所需要的呢？是治療師的需要嗎？還是考慮到個案此時此刻需要給予這個詮釋？然而在我們身處的社會環境中當無法控制的天災或人禍降臨迫害，我們是否也渴望法師前來拯救，以避免被「剝奪」更多，像是要為接下來將要面臨的厄運踩下煞車，阻擋更懼怕的狀況發生。

「他希望盡快到達，所以才運用法術，因為在他後面的東西比在他前面的東西更讓他懼怕。」（地海巫師）

這段話暗示著格得為了避免遭遇更懼怕的黑影追趕，需要先使出法術，讓自己能暫時脫離險境，這時候是法師真正需要時才使用法術嗎？地海巫師一書中法師的存在像是擁有知識的專家、並有掌控某些資源與執行的權利，能夠提供人們解決問題。若從觀察這個社會的現象來想想，近幾年因為新冠肺炎疫情影

響，人類面臨生存的危機、經濟蕭條，每個國家都在使出某些政策預防疫情擴散、振興自己國家的經濟，以渡過困難時刻。此時的政府將各界專家組成防疫小組，就像一群精通各類法術的法師，對這一切不可控制的疫情釋出強而有力的法術，為了穩固第一線抗疫人員、穩定人民的基本生活需求，例如發放振興券、就業補助津貼及醫護人員免費心理諮商等政策。此時讓我思考的是，政府像是法師看見了人民對抗疫情和經濟的需求而給予，但不免俗總讓人想到是否因為即將選舉，為了選票政府才決定這麼做的，在這背後真正讓政府懼怕的是疫情剝奪生命、經濟動盪還是選情的告急而祭出的法術呢？是否擔心一段時間後，人民對於執政者的形象開始崩壞甚至「心象」消失、信任破碎，而努力藉由政策維持著某種「原狀依舊存在的樣貌」，好讓人民生活持續性看似未被中斷地好好生存下去。

「母親存在的感覺在小寶寶心中可以維持X分鐘；假如母親離開超過X分鐘，那麼這個「心象」就會消失，小寶寶結合象徵的能力也會跟著停止。小寶寶會感到苦惱，可是這個煩惱很快就會得到改善，因為母親在X+Y分鐘後回來了。在X+Y分鐘裡，小寶寶

還沒有改變。可是在X+Y+Z分鐘裡，小寶寶的心理就受到創傷了。就算母親回來也無法彌補小寶寶已經改變的狀態。這創傷暗示：小寶寶的生活持續性已經中斷……」（遊戲與現實，唐諾 溫尼考特著，朱恩伶譯。心靈工坊出版。）

　　格得在面對未知黑影時，所感受到的懼怕是用文字難以描述的，這個懼怕像是病毒細胞不斷分裂擴散到身體各處，唯有像是在白天外在環境的穩定，才能確信自己是安全的，那內在的懼怕該如何安定？一個人能夠面對或處於恐懼多久？倘若人的「心象」是從嬰兒時期與母親互動中所想像出來的，那麼華人文化裡宗教信仰的體驗是否可能是我們所追求延續下去的呢？農民曆上的犯太歲像是某種大難臨頭的預言，每到農曆年前會依據生肖去廟裡點平安燈或太歲燈似乎是想要有某一種「心象」在自己心裡延續或是創造出來，來化解未知的懼怕，點燈行為像是法術的一種，避免生活中的連續性被中斷，我們似乎也有為自己的需要而施展法術的時候；當小孩夜裡睡不好、不好帶，教養過程中孩子的不穩定及異狀超出母親所能負荷時，除了尋求醫療上的評估，家中長輩也會建議母親讓孩子去認某一個神明當契子，像是帶著孩子去向

　　一顆石子有著微心大義，那麼精神分析是人造大自然嗎？

大法師請益，祈求保佑並獲得某種能夠「安穩」孩子的能力，此時滿足需求的是一位束手無策的母親或是照顧者無法給予足夠的孩子？母親心裡釋出空間讓神明共同看顧孩子，像是得到延續照顧者角色的能量，而現實中孩子亦擁有一位具有能量的母親繼續教養。某種因求神拜佛介入的平衡悄悄注入生活，事實上困難是否改變或僅是因為巧合？總會選擇不必太過解釋以一句「寧可信其有」覆蓋，在信仰這個神祕力量面前放下對於「知」的好奇。信仰是一個可以容納恐懼的所在嗎？或僅是暫時逃避恐懼的地方？

「為什麼真正的巫師只在需要時才使用這種法術：因為召喚這些塵世力量，等於改變了這個世界，而這些塵世力量也是世界的一部分。他說：『柔克島下雨，可能導致甌司可島乾旱；東陲平靜無浪，西陲可能遭暴風雨夷平。所以除非你清楚施法後的影響，否則千萬不要任意行動。』」（地海巫師）

物理學中「能量守恆定律」作用力等於反作用力，施以多少力量出去將收到相同的力量進來，這是宇宙萬物皆不可倖免的規則。生活中常有人說「知識即是力量」，此力量充滿人類累積的智慧，透過時間的傳遞也因著每個世代的不同需求而改變，像是冷氣

的發明能創造更好的生活，但卻帶來大自然的溫室效應，甚或是未來無法預料的傷害，而知識這股力量依舊持續傳遞創造並未因此停止，彷彿需要為下次出現的困難「需要或時機」繼續做準備。如書中所說宇宙萬物是平衡的，用法術所介入只是就現況改善，同時可能有其他部分正面臨困難，未必能面面俱到。

　　對於法術是否運用恰當，除了時機似乎還有更多需要考慮的面向，周仁宇醫師在《心智化：依附關係‧情感調節‧自我發展》一書中的序提到：「在人生當中，我們必須不斷做出抉擇。在每次抉擇時，我們或許會想多了解自己以及眼前的情境，再根據這些了解做出行動，並預測這些行動將帶來什麼後果，越不了解自己與情境，行動就越盲目，也越看不到未來」。也提醒著除了前面談到施展法術時機的關鍵性，同時需要充分思考現狀及預測未來才進一步行動。或許還有更多未觸及需要考慮的面向，待我們繼續發現。

　　一顆石子有著微心大義，那麼精神分析是人造大自然嗎？

彭明雅

諮商心理師
臺灣心理治療學會秘書
《昱捷診所》諮商心理師
《士林身心醫學診所》合作心理師

超自然：在書籍和星辰中尋找失落的名字！

黃守宏

名字

《地海巫師》這本書中寫到：告訴別人眞正名字表示一種信任，另外也提到如果我們可以掌握東西太古語眞正的名字，那就可以控制它；也因爲知曉了龍的名字後，讓蟠多老龍起誓；這次的以文會友，我想從名字的重要性出發，長期以來，我們都很習慣了名字和個體之間的連結，卻沒有去思考中間有趣的可能性，可以先想想在各個文化中的某些現象：名字在我們的文化中，甚至可以決定一個人一生的命運，所以有姓名學；如果名字太貴氣，需要較賤的小名；取名字時，不能犯了長輩的名諱；在動畫電影《神隱少女》中，白龍跟千尋說如果忘了名字就回不去了，白龍努力地知曉名字後得以解脫；另在許多歐美的鬼片裡，都會需要知道魔鬼的名字，方才能順利收服。

《失物之書》中，需要大衛出賣弟弟的名字來

一顆石子有著微心大義，那麼精神分析是人造大自然嗎？

擄獲弟弟；這一切的例子都在告訴我們名字是一種特別的存在，名字代表的一種認同、身分，包含了來自父母及社會的期待，再裝填進個別的主體性，變成個體的定位；名字也是一個界線、範圍，分開自己和別人，這是Name作為名詞時的展現；加諸在一個人身上的名字，或者說是名詞會有很多，例如像是來自於那裡的人、專長、特徵等，甚至是診斷，有一個個案說：我不知道我是真的憂鬱，還是因為被說憂鬱所以憂鬱。

　　姑且不論書中所言知道名字可以有控制能力的想法，但是名字不只是存在為一種稱謂或是認識而已，它是有著影響人的魔力的，記得曾在山風頻道分享過一個社會實驗，一個台灣女生到了美國後，數學能力展現良好，但是在台灣時，數學能力相對較低落，也是很重要的例證。

　　在《地海巫師》裡格得和緘默者歐吉安學習時，歐吉安說：等從四葉草的外形、氣味、種子認識四葉草的根、葉、花在四季的狀態之後，就會曉得它的真名，明白它存在的本質了，這比知道它的用途還重要～，的確名字或剛才所說的加諸在一個人身上的名詞，也都是我們去貼近本質的一種方式。

當Name作為動詞時，又可以是另一個開闊的想像，在佛洛伊德《圖騰與禁忌》中有提及，人類在原始時期時，會把心裡駕馭的方式應用在外在世界，所以會出現萬物有靈論，面對未知的事物，我們也會急於命名，將其收編於掌控之中；在人的世界裡，未知是令人恐懼的，但是當這些恐懼可以意象化時，恐懼就會減少，這個很像我們在看鬼片時，最恐怖的時候永遠都是鬼還沒有出現的時候，當鬼具像化出現時，就會有明顯的不同出現，害怕就會下降。

這裡我想連結到溫尼考特（Winnicott）在《崩潰的恐懼》（fear of breakdown）裡所提到的全能控制，文章裡是指這些崩潰以前已經發生過，只是當下無法經驗，不在全能控制的範圍內，因此，會一直反覆地希望被理解，理想的狀態可以在移情關係中被經驗，而被理解後，就能進入全能控制的領域中，Name作為動詞可以有這樣的一個功能，所謂的理解，在人學習語言之後，就無法和語言脫勾。

臨床上我們常常在會使用Naming個案的狀態或情緒作為治療的技巧之一，用Bion的語言來說是去contain，指涉的是去消化或是思考，這可以是個人的心理歷程或是在診療室中發生的治療片段，中文通

常譯為涵容，但是Bion使用的其實是個軍事化用語，是去圍堵，某程度較像是用語言去圍堵起個案或自己的現狀，大部分狀況下，常然不會一語中的，因為心理狀態的抽象性，及語言的侷限性，我們必須保留會有無法naming的部分存在，只能圍出大致的形狀，這也很像上段所說的去貼近本質的一種企圖。

但無論如何，這個對嬰孩的成長及成人的思考都是至關重要的過程，也是種能力，能夠掌控自己現在狀態的一種能力，彷彿就是在學習太古語般，去知曉海中每一滴水的真名，知道了後，我們就有了控制它的力量了。

超自然

自然是什麼？隨著時間推移，我們對自然的理解有了愈來愈多的理解，啟蒙時代之後，哲學脫離宗教附屬，重新用理性來看待世界，十八世紀之後唯物主義興盛，也造就了科學醫學的長足進步，在這個時代背景下，迎來了佛洛伊德對心理運作科學化理解的企圖，在1895年佛洛伊德的一篇論文《科學心理學方案》（The Project for a Scientific Psychology）

中，他應用了神經傳導及能量來解釋心智的運作，他並未發表此一文章，後來也放棄了這條路。

但是可以看到佛洛伊德的目標，因為他所用的標題是科學心理學，佛洛伊德的世界觀混雜了實證主義及德國浪漫主義思維，所以他的精神分析混合了二個成分，第一個絕對的科學，對應於實證主義，這是佛洛伊德一直堅持的，他的精神分析是科學，第二個則是神祕的超自然力量（preternatural powers of Nature），對應的則是浪漫主義；用絕對的科學來理解心智這個現象在一百年後的精神醫學，似乎又重新燃起，想要用神經傳導物質及大腦的連結來解釋心理現象，不論未來生物精神醫學的走向及結果。

就現在而言，心理機轉仍有很大一部分是無法以所謂的生物性或者是自然來解釋，因此，我們可以大膽地說心理是無法以現有的自然範疇所框住的領域，就是一種超自然。

Supernature讓我聯想到另外一個字叫Metaphysics，Meta-是之後或上面的意思，而Physics是物理，在古希臘就是代表自然，Metaphysics是形而上學的意思，形而上學是研究存在和事物本質的學問，放到心理來看，心理的存在無

一顆石子有著微心大義，那麼精神分析是人造大自然嗎？

庸置疑，而現在對於心理機制的推論及假說，本身就是屬於形而上學，同屬超自然，以情緒為例，它的起源無從得知，情緒的變化也無法用一般的物理原則來理解或推論，當生氣過後，有可能一想到事本身，生氣又重燃，強度絲毫不遜於事件發生當下，我想這也許是佛洛伊德無法完全用當代科學來作為解釋心理運作的唯一依據，從這個角度來看，心理的確是屬於超自然；後現代主義給了分析理論更多的想法及更廣的眼界；在啟蒙時代之後，舊的超自然力量式微，遺留在煉金術及其他的地方，在現代，留在了宗教、奇幻文學及都市傳說裡。

　　Grostein在1997年的一篇文章提他給予了所謂客體一個新的想法，他認為所謂的內在客體、外在客體的想法已然過時，對主體而言，純然的客體只是一個假設，在克萊恩（Klein）之後，我們都熟悉了投射性認同、內射等的防衛機制，所以無論是內、外在客體都是經過一系列的投射及內射的機轉而成，所以溫尼考特（Winnicott）使用了主體性客體（subjective object）來稱呼，就是指涉這個過程的最終結果，Grostein將之稱為「第三種型式」（third form），了解這個過程，可以協助我們去理解所謂的超自然。

在《地海巫師》書中，格得召喚出黑影，一直追著他，這裡我們也可以榮格的陰影來思考，這個陰影彷彿有自己的生命力，膨脹起來後想奪得格得的實體占有化，如果從客體的概念來看，我們回到佛洛伊德的《哀悼與憂鬱》一文來看，憂鬱的狀態來自於對失落客體的無法哀悼，失落客體彷若變成了縈繞不去的不死之身，像是連體嬰般的雙胞胎，投射在外而成了靈魂的存在，當然，這是以精神分析來看待某種超自然的一種解釋方式。

在溫尼考特的文章《文化經驗的所在》（The Location of Cultural Experience）把小孩的玩連結到過渡空間跟文化，也讓我們看到了文化其實源自於生活的最早期體驗，我們可以試想，在奇幻文學中的許多元素，像是飛行、瞬間移動、召喚等等，大底上都可以從嬰孩生活中的經驗看到，像是由父母親抱著的小孩（飛行），母親的突然出現或是毛巾遮臉遊戲（瞬間移動），嬰孩的啼哭帶來照顧者的餵食或身體照護（召喚），這些經驗變成玩的元素，也變成了想像的內容，成為藝術的創造，有了名字，並留在文化裡，這樣的事後賦予意義、給予名字，就是人最珍貴的魔法。

一顆石子有著微心大義，那麼精神分析是人造大自然嗎？

星辰與書籍

觀星或是占星術是跨文化都可見的現象，存在人類歷史上非常長的時間，人們會用星象來指引方向，判斷吉凶，雖然現在占星術被認為是偽科學，時至今日，星座仍然屬熱門的顯學，用星座來評論個性及命運，晨間新聞也會以星座來告知運勢，然而星座的形成及命名，是用一種很二維平面的方式，星星之間彼此是沒有什麼相關性的，有的相距甚遠，站在心理的角度來看，榮格在此著墨較多，主要是認為占星術是繁複的象徵系統（symbolic system），連結人和天的關係，連結內在和外在的關係。

我們可以借用前面Grostein 的Third form理論來思考這個現象，我們對星群的集合作了投射性認同—內射再認同的循環後而形成，變成了一個彼此影響的主體和客體關係，當我們在星座書查找自己相關的性格及運勢時，容易出現選擇性注意力而有著覺得對的感覺，Andrew Samuel認為會傾向相信占星學的人必然對占星學本身有著信心，或許我們可以這麼理解這個過程，並且在其中找到符合自己現狀的名字。

書本的出現其實很早，有了文字和書文的加持，

許多口耳相傳的傳統風俗及文化得以被保存下來，但是在印刷術的發展後，才開始大量流行，使得文化的散布變快，影響人類甚鉅，但文字有其侷限性，無法完全忠實呈現彼時彼地，像是舞蹈動作就無法透過文字而完整記錄，更如同治療的記錄，永遠無法還原當下的張力及情緒過程，卽便詳盡的描述也只能貼近，就像是物自身一樣；人的內在會有很多起伏跌宕，有些經過消化而能言說一二，有很多卻無以名之，當我們在看書時，常常會有觸動的感受，可以稱之爲神入，把自己帶入書中，彷彿眞的置身其中，《墨水心》系列三本小說就充分地具像化了這個過程；而其他的感觸或許共鳴、共感更能傳達這樣的情境，有些時候仍是無法言喩，但卻得以療癒或是修通，也是找尋自己的一種方式。

　　無論是抬頭仰望星辰或是低頭流覽書籍，動作的本身帶有意圖及期待，方才找到答案，這是一種先驗，像是預言般的先驗，如同佛洛伊德借用的伊底帕斯悲劇中，伊底帕斯請求阿波羅神諭一般，一樣連結到對溫尼考特的理論，那些無法承受的崩潰，都已然發生過，或許我們可以推得更廣一些，不只是崩潰、已然發生過的無法承受的情緒起伏也一直在找，透過

　　　一顆石子有著微心大義，那麼精神分析是人造大自然嗎？

星辰、透過書籍，終將找到了屬於它的形狀乃至於名字，發生在心理世界的總是會在外在世界遇見。

結語

心理的存在就是隸屬超自然，借用千尋的名字，那些心理經驗可以在星辰及書籍中尋找千遍直至找到形狀及名字，而人類最珍貴的魔法就是賦予意義、給予名字。

惟靜默，生言語；
惟黑暗，成光明；
惟死亡，得再生；
鷹揚虞空，燦兮明兮。

黃守宏
臺北醫學大學附設醫院精神科暨睡眠中心主治醫師
臺北醫學大學醫學系專任講師
臺北醫學大學學生事務處學生輔導中心主任

臺灣心理治療個案管理學會理事

臺灣精神分析學會會員

臺灣精神分析學會台北春秋季班講師

松德院區《思想起心理治療中心》心理治療督導

美國匹茲堡大學精神研究中心訪問學者

一顆石子有著微心大義，那麼精神分析是人造大自然嗎？

與談人：張博健

無法命名

黃守宏醫師提到名字做爲名詞與動詞的意涵，呈現出可命名與無法命名的差異，這讓我聯想到，具體可見的外在事物，似乎比較容易將其整體命名，而心理的、內在的部分，比較不容易命名。命名有一種聚攏、整合的涵義，然而那沒有被命名的部分，也是整體的一部分，需要如何去對待呢？或者如何去使用呢？

大師

孤立塔中單獨住著「名字師傅」，傳授關於名字的知識，就小說的描述，學習名字似乎是無聊的過程。也許在個案心中，治療室像個孤立塔，等在那的是治療師單獨一人，個案要暫時擱置生活的事，騰出一段時間，千里迢迢的前往，治療師有時也像是在跟個案一起爲「感覺」尋找名字，這是有趣的還是無聊的工作？個案期待遇見的是歐吉安師傅，還是名字

師傅？名字師傅說：欲成爲海洋大師，必知曉海中每一滴水的眞名。在治療室的命名工作，能讓個案成爲怎樣的「大師」呢？或許大師除了擅長說出已知的名字，也擅長尋找未知的名字，也懂得如何給予沒有被命名的部分一個合適的心理位置。

未知

格得面對的黑影的眞名是未知的，有時個案心中的「感受」可以如何稱呼、從何而來也是未知的，可能需要像是歐吉安法師的心智般，對黑影有關的現象反覆思索，拼湊出黑影行動的模式或思維。對格得來說，那是不得不面對的黑影，也許某些時候，對個案來說，也有不得不面對的感受和經驗。

創傷

在格得釋放黑影後，似乎是意志消沉，與好友費渠對談，費渠說：等你自由的時候就到東陲來，我會一直等你。格得說：說不定我會去和孤立塔的師傅一同工作，當個在書籍和星辰中尋找失落名字的一

一顆石子有著微心大義，那麼精神分析是人造大自然嗎？

員……

　　這讓我開始聯想，是否強烈的創傷後，可能會讓一個人將自己孤立起來，尤其當這創傷，與自己的行為有所關聯，或者說與自己的內在有所關聯，也或許那令自身想孤立起來的，是某種畏懼，對自己的能力、慾望的畏懼，讓失落的自己，在星辰與書籍中尋找失落的名字，而那失落的名字，也是一部分的心理碎片，是一部分的自己。

從他者中學習

　　格得曾對歐吉安師傅抱怨：我什麼都沒學到。歐吉安師傅回答：那是因為你還沒有發現我在教你什麼。我思索著歐吉安師傅教的是什麼，或者帶領格得經驗著什麼，我發現，「大自然」是重要的元素，然而，這種接觸自然，並非全然的回歸自然，而是有點像形成一種跟自然共存的態度，領悟自然與人類的關係，但又不是在當環保人士，而是形成這種態度後，應用在思考法術使用時機上，或許這也是一種超自然的態度。另一個層面來說，歐吉安師傅的回答，具有時間性，可能是在說：現在確實沒發現，以後也許會

發現，甚至這很可能不是現在就能發現的。這是一種後設的思維，也許也可以說是一種超自然的思維。

黃守宏醫師提到，書籍對文化的傳遞扮演重要的角色，這讓我聯想到，書籍與星辰也象徵著遠古知識、大自然、傳統，「在書籍和星辰中尋找失落的名字」，也像是從自己以外的他者學習。由於是第一次擔任與談人，我試著想像與談人可以做些什麼、想些什麼。這是一個機會向講者學習，然而若想像講者們是歐吉安師傅，不像是名字師傅那樣提供明確的「教」，那麼會是怎麼樣的歷程呢？也許就像是耳濡目染、舉一反三，聽到一個問題，能夠靜默，接著想到三個問題。或者說，聯想將不會是實線相連，而是虛線，在線段的間隔，都有個線頭等待未知的問題。如同治療師的詮釋，像是從已知的部分起頭，涵蓋了一些未知的部分，試圖要通往已經存在的未知，與個案一同找到自己的心理碎片，或者讓未知的、塵封已久的部分鮮活起來。

宗教

宗教的起源也與大自然有關，人類希望風調雨

一顆石子有著微心大義，那麼精神分析是人造大自然嗎？

順，於是發明儀式，祭天以安人心，就像從廟裡求來的平安符，安頓一個人的心情，這發生了什麼事？平安符與詮釋之間，有什麼關係？也許治療師的詮釋，讓未知的部分鮮活起來，平安符像是把已經存在的焦慮去鮮活化。又或者，平安符貼近了人心中無法命名的一部分，於是人可以從信仰中找到失落的平安符。

命名

替段落命名，似乎無法涵蓋該段落全部，卻也呈現出段落與段落間的落差，而對那落差的思考，也許就是創意、想像、活力發揮的空間，這就像是在未知的領域、無法命名的領域汲取與投注知識的超自然現象。

張博健

精神分析取向臨床工作者
諮商心理師證照
聯絡方式：

bojianchang@gmail.com

第六章

超寫實：因為是黑影，所以投射不出黑影

劉玉文

這世界不是一切。

還有一種世界存於遙遠彼岸──

不可見，如音樂──

但確定，如聲音──

它召喚，它刁難──

哲學──無能知解──

到最後聖賢與其智慧─

必須通過一個謎──

猜解它，令學者困惑──

為了得到它

人都願意接受歷代的羞辱

亦願被釘上十字架──

信仰跌倒、尷尬地笑、再提起氣──

面有愧色，如被人撞見──

摘取有跡象的小枝──

或向風向標探問去路──

一顆石子有著微心大義，那麼精神分析是人造大自然嗎？

很多的手勢，自講道壇傳來——
灌耳的哈利路亞，澎湃——
麻醉劑無法靜止
啃嚙靈魂的牙齒——

艾蜜莉・狄金生
（艾蜜莉迪金生詩選，賴傑威&董恆秀譯，木馬文化）

　　狄金生的詩勾勒出對生命的追尋和探究，以及在破碎中奮起的煎熬，很相應在《地海巫師》裡被稱為「雀鷹」的格得如何面對「黑影」，並成為法師的成長過程。看完這部奇幻小說，有一種奇幻比現實世界更為真實的感受，也帶來一種持續穿透迷霧，像第一次見到這個現實世界的詭異，卻驚奇又熟悉的融合感。地海世界是對現實的重新編彙，讓我們再認識這個世界。海德格認為詩並不是對於個別事物的表述，而是把事物的關係放在中心位置，讓事物留在其「存在」的地方：在世界中。《存在與時間》的開頭引用了柏拉圖的話：「當你們使用『存在著』這個表述的時候，究竟是什麼意思？長久以來你們都很清楚。我們曾經相信已經理解這一點了，但現在我們卻陷入了

困惑。」什麼是存在？這個命題至今仍是大哉問。事物之所以呈現出特定的面貌，是因為存在其中的我們，投身至某一個特定的未來，在特定的行動中，我們不僅表達了自己是什麼樣的人、這個世界是什麼樣子，也投射出理想，轉化著對既有傳統的概念（參考《我們在存在主義咖啡館》，商周出版。）

熟悉之外的那裡還有什麼

佛洛伊德發現了潛意識的存在，明白意識所知的有限，提到可憐的自我，要同時服侍三個主人，協調三個主人的要求使它們能夠和諧相處，這三個專制的主人就是外在世界、超我及本我（Freud, 1923）。後來榮格提出集體潛意識的觀點，認為集體潛意識超乎個人經驗，來自於歷代祖先與各種族的記憶，蘊含各種心理原型。溫尼科特強調代代相傳的傳統下的文化體驗，以「人文公共儲存所」（common pool of humanity）來形容。《文化經驗的所在》提到「讓一個小嬰兒開始存在，感覺到生活是真實的，發現生命是值得活下去的，並不是來自本能的滿足。事實上，本能的滿足一開始只是局部功能，……我們說的

　　　　一顆石子有著微心大義，那麼精神分析是人造大自然嗎？

是他跟他的全部文化體驗。整體才能構成一個人。」實際承載萬物的，是由無機體和有機體共構出的生態系，生生不息。體驗自己跟自己的全部文化是具有連續性的，一片海洋不只是一片海洋，它是由無數海底生物、海岸景觀、海潮起落、礁岩、聲音等名字所交構出來。故事中的法師一生都在認識事物的本質，找尋事物真正的名字。

雀鷹是弓忒島上的牧羊童，天生擁有強大的法力天賦，曾和姨母學了一點初階法術，發現擁有強大的法力天賦後，想要學會更多法術，並渴望掌握更多力量。德高望重的巫師歐吉安收他為徒，並在13歲成年禮那天授與他真名格得。許多神話故事常描述孩子需要透過嚴峻的考驗才能邁入成人階段，成年禮儀式是兒青跨越到成年的一扇大門、一座橋梁，現代人已不再重視，可能認為沒有必要。但對孩子來說，成年禮有重大的心理象徵意義，是跟群體的共同協議，包含與自己、生長地域的風土生靈、族人的期待和祖先的傳承，幫助我們確認自己、消化在轉換期裡惶恐與自我懷疑。

法師歐吉安授予格得真名，給出的是對一位存有的整體理解與感受，如何有這敏銳和細緻的質地，

來自於時時刻刻向內聆聽的修煉。不僅要主動打開心眼讓一切資訊可以收攝心中，還要能與對方置身在更大的系統裡去感受。當通曉這些事物的所有真名，才能領略世界是如何從太古演變至今，而法術才有施展的可能性。法術雖然能夠造風、求雨、召喚雲霧，藉由符號等方法操縱自然的力量，卻沒辦法造出讓人吃得飽的東西；而語言符號讓我們能夠在現實世界中指涉，當我們創造或引領出「奇幻」這個意象的時候，一個新的國度便出現了，脫離既有的法則，讓思緒不在表層事務停留，而是向內潛沉，在心靈中如夢似幻的演出。

　　溫尼科特認為當提到一個男人時，說的是他跟他的全部文化體驗。他並引用布封的說法，「風格就是人自身」，認為在使用本能之前，一定要先有自己，如同騎師必須駕馭馬匹，而不是任由馬兒載著走。法國自然學家和博物學家布封強調思想內容對藝術形式有決定作用。他常用人性化的筆觸來描繪動物，對動物作解剖及生理上的描寫之外，輔以版畫，讓人們對不同物種的特徵有更深瞭解，也為藝術家提供了豐富的作畫素材。摘要一段他對馬的描述：「……牠無畏如其主子，洞悉險境仍然大膽直面，慣聽劍戰之聲，

　　一顆石子有著微心大義，那麼精神分析是人造大自然嗎？

甚至愛上牠，追尋牠，聞戰聲而抖擻；……牠是那麼
光芒四射……其馴服之處一如其勇猛，牠容不得自己
使性子，行事知所進退，……甚至有預測他人意願的
能耐……」（引用維基百科）。《地海巫師》好友費
藥與格得聊到妹妹的真名「可絲」，也反映出了理解
一個人包含的更多。他對格得說：「她就像小魚，一
尾小鯉魚，在清澈的溪河中游著，」格得說：「看似
一無防衛，但誰也無法捉住她。」費藥微笑注視格得
說「你真是天生的法師，『可絲』在真言裡的意思就
是『鯉魚』。」（《地海巫師》，木馬文化出版，以
下同版本）

　　風格是思想中的秩序和運動的表現，具有自身
獨特的生命力，或者說風格不只是人本身，也是生活
實踐本身，是一個活生生的存在體，充滿可能性。布
封對馬的描述，也將生存的樣貌提升到文化和美學的
層面，傳遞出一種生活態度，一種生存美學。風格透
過自身反思的經驗和語言來展現，其中蘊含理性與感
性，而且不論感性或理性都無法孤立地任憑其自身的
功能去運作。風格是透過感情系統來呈現長期內化社
會結構的一種結果，同時又在行動中不斷主動外化，
然後再現或創造出新的社會結構，也因此我們會看見

一些共同的事物被增添或簡化了，呈現出特殊性。我們的舉手投足都在形塑自身風格，以臨摹爲例，我們會參考原作去畫，不管是有無繪畫基礎，我們都會發現每個人面對同一個對象物，呈現出來的結果都不盡相同。

模擬的東西永遠不在現實中存在

　　前幾天看到幾幅比照片還眞實的畫作，我一方面讚嘆描繪地如此唯妙唯肖，也驚訝於人的感知和觀察能力，還有實踐出來的耐力。如果從藝術史來看，超級寫實主義作品中的對象和場景都描繪得非常精緻，對主題處理得更柔軟和複雜，像是表面、紋理、光線效果和陰影表現，比參考的照片，甚至實體還要鮮明與生動。要達到超寫實，作畫時需要靠近對象，以非常近的距離來捕捉對象的細節，用掃描式的搜尋深入局部，再用畫筆焦距、捕捉景深、打光，畫中人物的皮膚毛孔彷彿都能看見。當我們面對如此眞實的擬眞，會感到震撼和不可置信。對觀者而言，畫家創造出原始照片中沒有的，一個新的現實幻想卻又令人信服，這樣的錯覺也像是在施展魔法，讓明明站在2公尺

　　　一顆石子有著微心大義，那麼精神分析是人造大自然嗎？

之外的我們卻得到有如在眼前的高清圖像，視力和所有身體感知瞬間變得敏銳與鮮活。比昂以畫家將風景變形爲繪畫爲例，畫家將對風景體認透過圖像表徵出來，也可類比爲精神分析師將一種分析經驗，體認到的事實轉化爲詮釋的一種表徵工作。

　　換形或說變形，是一組點中的一點對一點，如地圖般的製圖，在同一平面上繪製時，進行著平移、旋轉、反射和滑移鏡射的情況，而對象物所有長度比例都保持不變，產生的是大小或位置變化；這些變形，被稱爲等距同構或剛體運動變形。變形的目的是要揭開情感經驗更進一步的各項維度。比昂用「投射變形」這個詞來描述一種心智變形，是患者試圖避免一種情緒經驗深化的結果。實務上，個案和分析師之間會存在一種混淆，其中一個重要特徵就是大規模的投射性認同。（參考Transformation. Skelto, R. (Ed.).(2006). The Edinburgh International Encyclopaedia of Psychoanalysis.）投射性認同談人和他者如何連繫在一起的關聯性，是個案與治療師互動模式的起源。治療師對自身反移情內涵的辨認，是瞭解個案移情作用與潛意識運作內涵的重要基石。

　　「模擬的東西永遠不在現實中存在」，這是超

級寫實主義的哲學起點，這些擬眞的繪畫和雕塑作品並不是對照片的嚴格詮釋，而是運用微妙的繪畫元素來創造實際上不存在或者人的眼睛不能看到的現實幻象，包括以情感、社會、文化和政治相關要素作爲視覺錯覺的擴展。（參考維基百科）運用微妙的繪畫元素來創造就像是在玩遊戲。溫尼科特認爲在嬰兒完成和客體分離的過程中，有一個潛在的過渡性空間，嬰兒會有創造力地藉由遊戲的方式，尋找過渡性客體來逐步形成穩定的自體，構建出現實識別的能力。透過與孩童輪流塗鴉的歷程，他也經驗了當掌握到孩子圖像中的象徵細節，孩子會在晤談中逐漸察覺到自己的情緒狀態，逐步將內在的歷程展露出來。雙方不只是在畫面上溝通、在聽得懂的語言上的溝通，還創造出一個相互協助彼此認識和理解自己的空間。孩子知覺到自己的狀態被治療師看見了，同時又感覺像是自己創造出來，和自己發現的。這個遊戲的當下被創造出來的潛在空間也像是個奇幻的魔法世界。移情本身卽涉及錯覺，治療師在培養和處理這種幻錯覺的過程中，需要讓過度理智的個案能夠允許某物成爲它本來的樣子，也有允許成爲另一物的可能性。

　　　一顆石子有著微心大義，那麼精神分析是人造大自然嗎？

那個從咒語中蹦出來黏住我的東西

　　「你是受到自尊和怨恨的驅使而施法的。毀滅的結果難道有什麼出人意料嗎？你召喚一名亡靈，卻跑出一個非生非黑的力量，不經召喚便從一個沒有名字的地方出現。邪惡透過你去行惡，你召喚它的力量給予它凌駕你的力量：你們連結起來了。那是你的傲氣的黑影，是你的無知的黑影，也是你投下的黑影。影子有名字嗎？」（耿瑟法師 第四章 釋放黑影）

　　「惟有巨大的力量能夠召喚這樣一種東西。說不定，靠的只是一種力量：一種聲音──你的聲音。」（召喚師傅 第四章 釋放黑影）

　　語言有一種打開世界的功用，在語言之中，會和人的存在歷史經驗相應，搭建起一個連結的通道，也為內在的空間定座標。格得在銳亞白鎮上方的草坡採集藥草，遇到老鎮主的女兒時，他內心產生一股想取悅她，贏得她欽佩的慾望，加上女孩的譏諷，格得決心要證明自己的法力，那時他就懵懵懂懂地遇見自己的黑影。書中描述：「他抬起頭，發現屋內已暗了下來。他剛剛一直沒有燃煙，就在黑暗中閱讀。現在他低頭俯視書頁，已經無法看清書中的符文了，然而

那股恐懼卻在他內心擴大，好像要把他捆綁在椅子上似的。他感覺發冷，轉頭環視時，好像看見有什麼東西貼伏在關闔的門上，是一團沒有形狀、比黑暗更黑暗的黑影。那團黑影好像要朝他靠近，還低語著，輕聲叫喚著他，但是他聽不懂那些話。」嫉妒就像蘋果裡的蟲啃咬著高傲又自卑的少年，第二次意外釋放黑影是被同儕刺激，挑戰觸犯禁忌的祕術，召喚亡靈，卻遭到未知的黑影襲擊，幾乎喪命。榮格在《心理類型》寫道，人需要與他實際情況對立，來強迫他在中間找到自己的位置。（《紅書》，心靈工坊）

性格中的陰影是自己的一部分，我們本能地逃離陰影，但陰影總會出其不意地一再出現，平時隱藏著，有時又會跳出來不知不覺地抓住我們。在關係中，常常反映出我們的陰影議題。要怎麼知道這個陰影是什麼，又怎麼面對緊緊跟隨的影子呢？透過故事情節也帶出了我們生命中遭遇到的種種經驗，都在持續對「我是誰」與「怎麼活下去」的課題叩門。投射的心理機制，投射出我們自身的存在狀態，也透露著自我要變形之前的抵抗，讓我們看見某些真相，而真相就在這些抱怨和責怪之中。面對那些原來自己的身上也有，自己所不喜歡的特質，尤其夾帶著罪疚、羞

　　一顆石子有著微心大義，那麼精神分析是人造大自然嗎？

恥情緒，要能夠去承認往往是一段很長的路。當我們在別人身上看到類似的狀態時，透過討厭或指責對方，不只抒發自己對這個特質的情緒，也讓自己與這個特質保持距離，撇清關係。由於我們對自己的壞傾向，不良念頭、可恥的慾望、不道德的動機、脆弱或缺陷感到羞愧，這些部分都潛沉在浩瀚的潛意識中。如同故事描繪「在等候他的，正是黑暗本身，那個無名的東西，不屬於人世間的存在，也是他所釋放或製造的黑影。它長久在靈界那個分隔生死的界限上等候他」。（同上）

自戀的亮光拖曳出長長的影子形影不離

透過投射讓我看見自己，可是那個自己太恐怖了，我根本無法靠近怎麼辦？面對自心無法觸及和容納的暗黑，心理機制以拐彎抹角的方式來處理它，把它投影到另一人身上。我們對他人的不滿和譴責，有意圖地讓它被暴露，是一種自我譴責、自我處罰的反轉機制。這股暗能，我們用公開洩露它的方式來掩蓋它。從他人身上看到那個壞特質被指責或懲罰，既是懲罰自己，又不必懲罰自己。我們生命中的悖論隨

處可看到蹤跡，就在「投射」的動作本身之中。如同格得視爲敵對的賈似珀說：「放羊的，你再繼續變換呀。我喜歡你爲自己設下的陷阱。你愈是努力證明你是我的對手，就愈顯示你的本性。」（地海巫師）

被壓抑的終究會回歸，被隔離在內在很深很深的，卻又在這不經意中被彰顯。看似黑影擁有格得的線索，正伺機靠近他，想奪走他的力氣，吞噬他的生命，裏藏在格得的肉身之內；然而心理運作卻也巧妙地藉由格得處在被動的受害位置，發生讓強烈的極端情感釋放出來的主動性，透露黑影的存在，遇到了自己想要隱藏的我。而我們才有機會心理位移至黑影本身，感受自身，停下層層疊疊的投影運動。在關於神祕經驗的精神分析文獻中，當事人也許睡著了，在做夢；也或許是清醒地在經歷一種類似做夢的過程。各種情緒都會在當下經歷。在夢的過程中，會經驗到破碎的記憶或畫面，包括從這一端理想化的事物到另一端玉石俱焚的恐怖，可能進入洋洋得意或徹底絕望的兩極情緒反應，身體可能飄飄然也可能病懨懨，而且還有自殺的衝動等極端感受。（參考《遊戲與現實》，我們生活的處所，心靈工坊出版）

榮格建議他的病人也做出他們自己的《紅書》。

一顆石子有著微心大義，那麼精神分析是人造大自然嗎？

1929年，榮格在一封寫給吉伯特（J.A.Gilbert）的信中提到他使用的步驟。……以寫作或素描或繪畫來表達他們的特殊內容。在這類情況有太多無法理解的直覺，和從潛意識浮現的幻想片段，幾乎沒有適合的語言，讓病人找到自己的象徵性表達，卽他們的「神話」。他也表示如果在夢境、靈魔與精神追尋歷程中，他無法承受原初經驗中的壓倒性力量，就會發展成瘋狂，而且他了解到夢與異像是來自於集體無意識的底層。在1955-56年在談論積極想像時，榮格說「爲何這看起來很像精神異常，那是因爲精神異常的病患也整合了同樣的幻想內容，而精神失常的人會受害，是因爲無法整合，只是被幻想所吞噬。」（參考《紅書》）

你必須主動去追尋那追尋你的

你還年幼，以爲法師無所不能。我以前也這麼認爲。我們每個人都曾經有那種想法。但事實是，一個人其正的力量若增強，知識若拓寬，他得以依循的路途反而變窄。到最後他什麼也不挑揀，只能全心從事必須做的事……（召喚師傅 第四章 釋放黑影）

娥蘇拉・勒瑰恩描繪出「地海世界」，以及關於「巫師」的設定及哲學觀：地海世界，是一個充滿著島嶼、海洋、魔法的奇幻世界，萬物皆有眞名。不僅人類，蟲魚鳥獸、山海河風，甚至是大海中的每一滴水都有自己的眞名。眞名不能隨意讓他人知道，因爲一旦誰知曉了，便是擁有對方的眞名，便能成爲對方的主人，可以任意操控對方。而身爲「巫師」的職責和任務，是去理解，理解事物的本質，並藉此知識來幫助他人；不爲自己的私慾而任意使用法術去改變事物。他們不去違背自然和改寫自然秩序，追求的不是操控的力量，而是幫助其他人在這自然中生存下來。巫師必須學習太古語言、熟稔各種事物的眞名。在地海世界裡，施用法術還得依靠知識與語言文字。

　　似乎當他者能夠被定位之後，自己彷彿也有了座標，知道要怎樣對待他者，與他者發生怎樣的關係。或許治療師一開始需要能夠定名，或說標籤的幫助，隨著經驗愈來愈成熟，以及接觸的個案的心理現象越來越摺疊與複雜，我們就發現標籤反而阻礙理解個案的隔閡，我們了解到unknow的態度才有可能開發更多未知的疆域。

　　一個人終有一天會知道他所前往的終點，但他

　　一顆石子有著微心大義，那麼精神分析是人造大自然嗎？

如果不轉身，不回到起點，不把起點放入自己的存在之中，就不可能知道終點。假如他不想當一截在溪流中任溪水翻滾淹沒的樹枝，他就要變成溪流本身，完完整整的溪流，從源頭到大海。格得，你返回弓弢，回來找我；現在，你得更徹底回轉，去找尋源頭，找尋源頭之前的起點。那裡蘊含著你獲得力量的希望。（歐吉安第七章鷹揚）

　　如果你來到另外一個國度，Google地圖上沒有標示地點，你要怎麼找路呢？曾經在蘇格蘭高地的小鎮尋找民宿地點，雖然已經事先被告知那裡沒有GPS訊號，帶著民宿主人描述「看到白色柵欄向左轉」、「向下走到最高的一個山丘」之類的指引，然而在漆黑的深夜，四處望去是一片荒涼，沒有任何明顯標的物可以標定出方位的當下，沒有方向，沒有人可詢問的毛骨悚然是非常恐怖的。這段找路的經驗像是瞎子摸象，帶著身體的感受在尋找定位的奇妙感。

用身體尋找失落的傳統領域

　　在中央研究院「研之有物」的科普平台上，有一篇文章引起我的注意，多年來台灣原住民社會有一

項「部落地圖」調查活動，這個調查研究是透過對南島語系原住民族的居住區域，與其祖先過去的活動領域，進行繪製地圖的活動之外，也希望建立與該土地有密切關聯的民族史，進而作為要求與土地相關的原住民族權利的根據。在上個世紀，美國印地安原住民族即為了解決傳統領域內，自然資源使用權的問題，採用「部落地圖」方式，將傳統地名、狩獵、採集等地點和知識呈現在地圖上，作實際且長久生活在該地的證據。

《溫尼科特的語言》（The Language of Winnicott）提到我們始終是他人生活的一部分，因為他人也是我們的一部分。在社會性及文化性的關聯下，不僅關注是否對自己真實，還有創作自己的生活（個人與集體），創造有意義的世界，進而促進歸屬感和與道德生活。調查過程中，身體所累積的感官記憶，像是山中瞬息萬變的氣象、觀察山林生態變化、記錄關鍵地點的相對位置，還有沉浸在此場域的身心體會，都是探尋人與土地，和久遠部落關係的重要線索。

有些場域，例如獵場，過去是多由各部落共用或彼此競爭，因此傳統領域會有變動或重疊的情形，也

一顆石子有著微心大義，那麼精神分析是人造大自然嗎？

是傳說和神話會出現的地方，傳統領域的調查不是對所有權爭論，而是著重於共有、共用且變動的概念，進行空間與時間知識的轉譯。這些現象連結到心理治療的現場，「……心理治療是在病人的遊戲領域與治療師的遊戲領域重疊之處進行的。假如治療師無法玩遊戲，那麼他就不適合做這份工作。假如病人無法玩遊戲，那麼我們就必須想辦法，讓病人變得可以玩遊戲，然後心理治療才能夠展開。」（引自《遊戲與現實》，頁100）只有出自隨意無形的功能，或是還沒發展完全的遊戲，如同處在不確定的中立地帶，自我的追尋才能產生。創造力要在人格尚未整合的狀態才能夠出現，如果又能反映回自身的時候，才能成為有組織的人格的一部分。當存在與未整合狀態聯結在一起，也預告了放鬆和享受能力的到來。（參考《遊戲與現實》，頁115）

潛在空間的存在是在連續性和毗鄰性發生的時刻，是過渡現象產生的地方。過渡現象和過渡客體是小寶寶跟母親，或與母親的一部分結合的象徵。這個象徵的發生點是在小寶寶跟母親分離狀態剛開始的時空點。個案會一度因為治療師可靠、會配合需求，以及涉入的意願，而感到安全感和能夠存活，然而心理

治療早晚要面臨的危險時刻是，當開始感受到需要拋開這些倚賴，恢復獨立自主的時候。除非治療師準備放手，否則個案很難獨立。不過，當治療師和個案在水乳交融的狀態下，個案又很容易對治療師的任何抽離舉動產生懷疑，滿懷災難即將來臨的可怕威脅感。在生命早期，我們就經驗到小嬰兒從跟媽媽合為一體的狀態，又進入跟媽媽分離的階段。當媽媽開始降低配合小寶寶需求的程度，很大部分她已經從高度認同小寶寶的情況復原，也是因為她感知要她變成一個分離現象的新需求（參考《遊戲與現實》，文化體驗的所在）。

格得極盡一切去追尋黑影，在抵達世界的盡頭的一路上看盡內心一切風景，他將恐懼和憾恨編成詩歌，半唱半誦著這首哀歌。遠古以來，原住民族就用歌謠來定位傳統領域的地點。歌謠像一個載體，載入歷代族人的歷史。用族語唱出各區域的地名，也讓後代子孫記得每個屬於部落的名稱。成長的路上，我們必然會汲取周遭的力量或是能量才得以成長，陪同格得一同追尋黑影的費葉。在最後，也因為共同的經歷而明白格得既沒有輸，也沒有贏，只是以自己的名字叫出黑影的名字。為什麼要叫出真名呢？為什麼咒語要唸出來？為什麼要用

　　一顆石子有著微心大義，那麼精神分析是人造大自然嗎？

語言將內在的狀態描述出來？為什麼有各種詮釋？聲音迴盪的空間就是傳統領域。在此，我也聯想到《道德經》裡的「音聲相和」，聲是從內部發出來的，音是在外面聽到的，「音聲相和」便是一種內在心聲和外在聽到地音渾然一體的境界。

因為是黑影 投射不出黑影

「它穿越時光、橫跨海洋，在陽界模索著尋找他，只有在夢境和黑暗中方能現形。它還不具實質或存在，所以陽光也照不著。」（地海巫師，第六章，被追。）

史丹指出在關注自性的靈性之旅中，我們可能此刻顯得靈性清越，在另一時刻卻中邪到無以自拔，我們是怎麼了？我們終將要同時面對內心的正邪力量，且予以調和，這過程難免苦痛，但終將帶來心靈平衡，成為集體潛意識的內容。如果原型意象能把我們提昇到崇高的靈性領域，它們也能把我們投入邪惡及毀滅的深淵。榮格認為即使經歷原型動能對於自我連結於自性的過程是不可或缺的，他們仍可能大肆擾亂意識。（引自《靈性之旅：追尋失落的靈魂》，人性

中的暗影怪獸，心靈工坊出版）

　　我們面對的不只是內心的恐懼和被壓抑的人格，更包含整個文明的發展。爲此，也讓我們一直在尋求引領者，不管是外在的師傅或是內在的神性或說是內在的智慧，期盼的是有更大的力量來帶領我們翻山越嶺，抵達那究竟的所在。榮格在自傳中說到達了自性（self）的中心，結果證明這是一條死巷。如果從母嬰關係，或是嬰兒情緒發展過程中的客體關聯中，那些更原始性或自戀性的現象中來看，我們又如何理解「一個死巷」可能是早已普遍存在孩童經驗和想像裡的成分。

　　榮格認爲在精神官能症（neurosis）與精神異常（psychosis）的光譜上，潛意識試著要彌補意識的偏倚態度。精神錯亂的個體爲了防禦而抵抗，因而對立面變得更極端。療癒過程的開端可能是修正的動力透過潛意識的語言呈現，但是突破的方式讓意識無法接受。回到臨床工作來看，由於心理工作的增強，而讓人不再那麼原始的分裂後，才漸漸有能力做到「保有祕密的能力」，但是我們要思考的是，心理工作是否導致精神病性往理智或精神官能症移動了呢？牽動著假我的型態愈突出，生命又更破碎的型態，有沒有

　　　　一顆石子有著微心大義，那麼精神分析是人造大自然嗎？

可能在每一分「保有祕密」的力量中，既保有隱藏了自體核心的真我，卻也形成更多的分割。生命到底是在向上揚升做更大的整合，還是在破碎中的ing？會不會這才是生命的實相？我們無法用哪一端數量多寡來探究，也無法只站在某一邊觀看精神性演化（靈性）的歷程。看似矛盾，卻是在破碎中有生機，在昇揚中進入破碎的生命。

在體現錯覺那令人滿意的經驗中，實際上已經有了某種互換。從有欲到無欲的過程，然後再到有欲的過程，皆有成住壞空的週期。達到這一步，下一步才會發生，是連續的發生。一個組織發展到頂峰時，衰敗逐漸顯露。當一個面向走到極端時，另一個相對面向就開始展現，陰盛陽衰，此消彼長。腦中浮現「有無相生，難易相成，長短相形，高下相傾，音聲相和，前後相隨」。老子《道德經》的幾個字，道盡各種條件、現象聚合在一起，在某個時刻構成了某種存在，而它們在出現的同時就在改變和消失。

在開闊海上沒有風向，也沒有方向，這種無所依循，只能依靠自己自然的狀態來給予自己一些方位。在這過程中參照的是體感，與心中自行定位的地圖，是一段將心神不斷由外向內收攝的專注旅程。透過有

意識地碰觸陰影、認識陰影，我們開始能夠找到那個中間地帶。在這中間地帶富含象徵的狀態，故事中想要去探索那世界的盡頭，這個盡頭，甚至不能稱呼為盡頭，或認為是個終點，就連盡頭兩個字都只是象徵。追尋黑影而走向世界的盡頭，象徵著超越「有一個被連結的對象」，而是航行至「無限」。當能夠勇於接受不了解，才能夠接受井然有序的世界忽然變得混沌起來。

參考資料

1. 艾蜜莉迪金生詩選，賴傑威&董恆秀譯，木馬文化。

2. 我們在存在主義咖啡館：那些關於自由、哲學家與存在主義的故事，莎拉・貝克威爾著，江先聲譯，商周出版。

3. 紅書（讀者版），卡爾・榮格著，魯宓、劉宏信譯，心靈工坊。

4. 地海巫師（地海六部曲——第一部），娥蘇拉・勒瑰恩著，蔡美玲譯，木馬文化出版。

5. 遊戲與現實，唐諾・溫尼考特著，朱恩伶譯，心靈工坊出版。

6. 靈性之旅——追尋失落的靈魂，莫瑞‧史丹著，吳菲菲譯，心靈工坊。

7. 研之有物尋找失落的傳統領域！如何用身體走出部落地圖？https://research.sinica.edu.tw/indigenous-mapping/

8. 榮格自傳：回憶、夢、省思，卡爾‧榮格著，劉國彬、楊德友翻譯，蔡榮裕審閱，張老師文化。

9. The Language of Winnicott, Jam Abram, Routledge.

10. Transformation, Skelto, R. (Ed.).(2006). The Edinburgh International Encyclopaedia of Psychoanalysis.

11. Reading Bion, Rudi Vermot, Routledge.

12. Winnicott, D. W. (1964). Memories, Dreams, Reflections: By C. G. Jung.

劉玉文

諮商心理師
看見心理諮商所治療師
亞洲共創學院總經理／資深職涯顧問
臺灣精神分析學會會員

與談人：王慈襄

恐怖故事一：鬼影幢幢

　　無意中得知，地海巫師的日文版命名為《影との戰い》（與黑影戰鬥）。的確，黑影就像是繚繞整個書籍直到書末，我們途中也不斷與格得面對這個未知而令人恐懼的黑影。整個旅程也圍繞在格得受到誘惑、召喚亡靈，從那個時刻開始，亡靈（黑影）就此跟隨著格得。

　　剛開始，在格得無力控制與抵抗下，不管逃到哪裡，都會重複地遇到那黑影。歐吉安告訴他必須轉身並主動追尋那黑影，格得與摯友費渠（真名：艾司特洛）最終將抓到黑影時，書中敘述黑影的面貌：從嚴厲的父親形象、賈似珀到沛維瑞、他沒能救的溺水的人、史基渥，都是在書中和格得敵對、輕視格得、都是讓格得感到不愉快，想讓他證明自己的人物。似乎都是使格得加硬了假我的殼的角色們。

　　書的末端揭示「黑影」到底是什麼？是格得自己也是格得不熟悉的自己，不願接受的那一部分？是假我，是我也是非我的存在，是非生物還是生物？來自

　　一顆石子有著微心大義，那麼精神分析是人造大自然嗎？

於內在也來自於外在，既熟悉又陌生的存在？

這讓我想到一種經驗，許多傳說都有深夜突然看到鏡子嚇到自己的鬼故事，有那麼一瞬間，鏡子中的自己覺得那個自己是陌生的，或者是第一次聽到錄音筆中自己的聲音，也會不禁感到怪異，還有看3D動畫時，恐怖谷現象的情形。自己有點不像自己的部分，自己又像是一部分的自己，有一種他者視角觀看自己的違和感。

佛洛伊德在1919年《怪怖者》（the Uncanny，德語：Das Unheimliche）中，形容恐懼，並研究恐懼語言的源頭，其中德文「Unheimlich」是「Heimisch」和「Heimlich」的反義詞，即「熟悉的」、「家鄉的」、「安全的」、「家常的」的反義詞，就像是黑影相對應的燭光，黑暗和光明相伴相隨……。佛洛伊德接著藉由文學家費夫曼的作品與引用奧托・蘭克（Otto Rank）討論「分身」（double）現象，說明作為重影、分身會產生一種怪誕效果，這種怪誕像是熟悉的東西變得陌生化的情形。

回應玉文心理師文中提到藝術史中超寫實主義（Hyperrealism），刻意將作品做的類似高解析

照片藝術流派。【圖1】看起來還原相片的樣貌，也會帶來一種疏離與怪異的感受出現。攝影師蓋瑞‧溫落格藍得（Gary Winogrand）曾說過：「沒有一個事情比清楚描述一個事實更神祕的了。」（There is nothing as mysterious as a fact clearly described.）重複制式化地以扁平的筆觸，畫出一樣的東西，卻會帶來神祕感。這讓我想起曾讀過班雅明（Benjamin）《靈光消逝的年代》。攝影的技術發明後，藝術品的靈光（aura）便消逝。在面對照片失去靈光的自我形象，人們竟害怕自己的靈魂照片被吸去，或者有對於相片裡的人感到陌生。

（註：【圖1】René Magritte, La Reproduction interdite, 1937. Oil on canvas, 81.3 × 65 cm. Museum Boijmans Van Beuningen, Rotterdam.）

　　我聯想的卻是一位超現實主義（Surrealism）的馬格利特1937年繪製的《禁止複製》（La Reproduction interdite）【圖1】，畫中可見疑似鏡子的東西映照極度寫實且一個一模一樣的男人，但卻是背對我們，書本方向卻是鏡像照映，增加畫面弔詭的氣氛，恐懼來自於男人背對我們的未知面孔，此時我們無法判讀表面給我們的訊息，給我們更多想像空

　　一顆石子有著微心大義，那麼精神分析是人造大自然嗎？

間，觀看者到底在哪裡？真的是鏡子嗎？而下面書本方向成鏡像的為美國驚悚作家愛倫‧坡的著作《楠塔基特的亞瑟戈登‧皮姆的自述》。故事似乎講述了一個年輕人的充滿幽靈雲霧繚繞的船上場景，中間還遇到食人族的海上冒險恐怖故事。

《禁止複製》畫中的影以及格得恐懼的黑影，剛看到照片中的自己的一瞬間，可能是自己又超出自身的東西。他包含著面對以他人視角來看待自己所產生的怪異感，既是自己又是別人的感覺。像是拉岡所說的小a（object petit a），人們難以面對自身匱乏的虛無狀態並作為一個部分客體，非完整的存在的「它」。

恐怖故事二：鬼打牆

書中形容格得不管逃到哪裡，都會重複且無法預測地遇到那黑影。就像是逃不出去的命運一樣，不僅僅是一個影子的重複，這樣不自覺得重複時，也讓格得感到恐懼。佛洛伊德在《怪怖者》中，分享了一個鬼打牆（兜圈）的故事，他在義大利走過一條鄉下小路，過段時間又莫名其妙走回來的恐懼感。

讓我想起漢斯・季默（Hans Zimmer）替克里斯多福・諾蘭（Christopher Jonathan）的電影《蝙蝠俠：黑暗騎士》、《敦克爾刻大行動》的配樂，利用Shepard Tone（謝帕德音調）的聽覺錯覺原理，重複的音階卻能聽起來像是恐懼來襲，音階無限上升或無限下降的錯覺。讓人瀰漫在恐懼當中。

如同馬格利特1953年的作品《戈爾孔達》【圖2】，雖然所有的物件都可以是極度真實卻有著不尋常的感覺，看似一模一樣的男人。不確定是掉落、升上去還是停滯的恐怖感受。而臨床經驗中，也很常看見一種病態重複的感受，瀰漫著恐懼與未知迷霧當中，無法揭示真相時，迷路在時空當中。

（註：【圖2】René Magritte, Golconda 1953, Oil on canvas, 80.7 x 100.6 cm, The Menil Collection, Houston.）

恐怖故事三：被「ＵＮ」遮掩著的怪物

黑影也讓我想到另一個畫家表現主義（Expressionnisme）孟克這幅1894年《青春期》（puberty）【圖3】，畫中正處於青春期女孩赤身裸體坐在床邊。肢體閉著胳膊和腿擺出害羞的姿勢遮住

  一顆石子有著微心大義，那麼精神分析是人造大自然嗎？

生殖器，女孩後面有個巨大的陰影，可能有著她正經歷性壓抑、焦慮與恐懼的含義。這幅畫將青少年既熟悉自己又陌生的自己感受經驗描繪出來，象徵年輕女孩性覺醒，走向成年的道路上所經歷的身心變化。

（註：【圖3】Edvard Munch, Puberty, 1894, Oil on canvas, 151.5 cm × 110 cm, National Gallery, Oslo）

　　回憶起青春期時期的我們或者是臨床上青少年的孩子們，像是格得面對衝動的自己、失敗的、種種多面向不熟悉的自己，面對性的覺醒，對於本來熟悉的自己也開始感到不是那麼熟悉，未整合的樣貌，甚至讓人感到害怕與不知所措。

　　以下佛洛伊德在《怪怖者》中提到：「我們時常遇到有些男性神經症患者，宣稱自己覺得女性生殖器是有些恐怖的。然而，這個『恐怖』（unheimlich）的地方卻是所有人類的故鄉（former Heim）的入口，它通向我們每個人在一開始都曾經在其中生活過一段時間的地方。有一個笑話說『愛就是思鄉病』（Love is home-sickness）；而每當一個男人夢到一個地方或是一個國度時，仍在夢鄉裡的他便會自言自語道『這地方我很熟悉，我曾經來過這兒』，我們可以把這個地方解釋為他母親的生殖器

或是她母親的身體。因此，在這個例子中，『怪怖的』（unheimlich）也就是曾經『熟悉的』（heimisch）；這裡的『un』恰恰是壓抑的標誌」對於性的壓抑，似乎恰恰變成了恐懼的來源。

恐怖故事四：我忘記自己是誰

剛說到黑影的可怕之處在於它未必來自己的視角，也可來源自他人的視角。外部視角的扭曲對自身視角。而格得途中爲了逃過黑影，不斷變換自己的外表而變不回來的軀體。

格得找歐吉安躲避黑影時，歐吉安跟格得說：『「沒有安全的地方」歐吉安溫和的說：「格得，下次別換鷹型，黑影執意要摧毀你的眞實存在……。」』（地海巫師，勒瑰恩著，蔡美玲譯，木馬文化出版。）

格得爲了逃過黑影，不斷變換外型差點失去自我，就好像是Winncott所說的眞假我失衡的狀況。而宮崎駿的《霍爾的移動城堡》也有類似的橋段：與惡魔交易又很注重外表僞裝的霍爾，在戰爭與慾望中變不回人型，最後蘇菲幫助不願面對自己眞實模樣的霍

　一顆石子有著微心大義，那麼精神分析是人造大自然嗎？

爾並深入他的心房，蘇菲讓霍爾終於願意面對，失去
「心」的少年霍爾終於找回他的心智。而若沒有歐吉
安的提醒，少年也可能會找不回他自己。

如何走到 TRUE END？

「格得打破萬古寂靜，大聲而清晰的喊出黑影
的名字，同時沒有唇舌的黑影，也說出相同的名字：
『格得。』兩個聲音合為一聲。格得伸出雙手，放下
巫杖，抱住他的影子，抱住那個向他伸展而來的黑色
自我。光明與黑暗相遇、交會、合一。」（地海巫
師，勒瑰恩著，蔡美玲譯，木馬文化出版。）

回應玉文心理師的「音聲合一」，黑影的名字即
是自己的名字，格得知悉了陰影的真名，同時代表他
瞭解了自己的本質，接近 Bion 所說的「O」，格得
如何能夠面對？似乎歐吉安所教授他的東西，在這裡
慢慢起了作用。在完成和「黑影」合一的儀式後，格
得說了這段話：

「『艾司特洛，』他說：『瞧，完成了，過去
了。』他笑起來。『傷口癒合了，』他說；『我現在
完整了，我自由了！』說完，他弓身把臉埋在臂彎

裡，像小男孩般哭泣起來」

接著他說「我現在完整了，我自由了。」（地海巫師，勒瑰恩著，蔡美玲譯，木馬文化出版。）

歐吉安當年的話語終於奏效，這也讓我思考著，詮釋時機也許不是當即立效的，它會在某個時間點出現，又如何在治療室中，整合與面對陰影走向「○」的TRUE END呢？

王慈襄

諮商心理師

臺北榮民總醫院向日葵學園（兒童青少年日間病房）特教個管老師

中國文化大學心理輔導學系碩士

國立台灣藝術大學美術學系學士

 一顆石子有著微心大義，那麼精神分析是人造大自然嗎？

第七章

超現實：追趕孩子的靈魂，要把它帶回家！

劉又銘

巫師文化的體驗，若知曉幻術與黑影的真名，會是招魂術還是命名術嗎？

寫作思想

人之所以成人的過程，有賴於嬰兒與母親的相會，同於大海與陸地的交界，同於心智與身體的相依，同於文化與靈魂的互相找尋，同於O與K中間的斷點，同於客體使用與客體關聯的過渡空間，同於格得與黑影的糾纏，同於維尼克特論文與讀者的塗鴉遊戲，同於全能自大與失落被害的創傷的體會。這是多重宇宙，平行宇宙，這是多型性的路途，嬰兒爬向理解自己是嬰兒的路途，藉由理解自己內在的嬰兒與理解要創造照顧的母親而成為一個人。

召喚、灌注、施法、法術的存在於相信的空間（不在裡面也不在外面，而是交界的所在，以及聯合

與分開的所在），而這可能帶來眞神生命的住所，也可能帶來假神偶像的崇拜。

正式文章

前言

我將要講解已被我的語言（SPELL）施法術固定住的東西，就像水噴向空中的瞬間結凍成爲固定的形狀，而在那結冰的塊狀物之中，有沒有希望能帶引出名之爲水的眞實特性，這有勞各位心智的反巫術（DISPELL）的參與。

Slide 1　讓我們從海邊的體驗開始遊戲

摘自：泰戈爾《海邊》（泰戈爾之新月集，環華百科出版社）

……這遼闊的天宇靜止在上空，這流動的水波喧噪著。在這無垠世界的海邊，孩子們相會。

他們用沙建造他們的房屋，他們用空的貝殼玩著，用枯葉編織他們的船，一艘艘含笑地飄浮到大海

　一顆石子有著微心大義，那麼精神分析是人造大自然嗎？

裡去。在這世界的海灘上，孩子們自有他們的玩意兒。

他們不懂得怎樣游泳，他們不懂得怎樣撒網。……孩子們把卵石聚集起來又拋撒開。他們不搜尋寶藏，他們不懂得怎樣去撒網。

海水大笑著掀起波濤，蒼白閃耀著海灘的笑容。兇險的波濤對孩子們唱著無意義的歌曲，就像一個母親正在搖著她嬰孩的搖籃。大海跟孩子們一起玩樂……

……暴風雨遨遊在無盡的天空，船隻破裂在無軌可循的水中，死神已出來，而孩子們在玩耍。在無垠世界的海邊是孩子們的偉大相會。

Slide 2　人生海岸的容貌

在泰戈爾的詩，與讀者的聯想交界之處，透過某種魔法，隱約現形著讀者心中隱其形的人生海岸面貌：在海洋拍打陸地的海岸交界之處，有著海邊的漂流物、與在此撿拾漂流物的人，相會交界於此，並且有著生活。那是詩句與心思的相逢，海洋與海岸的遊戲，玩在一起的結果。

沙、貝殼、枯葉；房屋、容器、船隻：鋪展其中的，有某種心智中的變形，這是孩子施展了的魔法，大人可能不懂，或其實這種不懂是一種忘記。

　　他們不懂得游泳、撒網的技術。但他們把鵝卵石收集又撒開。他們的寶藏，一樣是大人不懂的東西，或其實這種不懂是一種看不見。

　　大人也並非全然沒有寶藏的，大人的寶藏，則有著大人的魔法，比如金錢的價值，是小孩還不懂的。

　　在這首詩的海洋中，同時收集了孩子的寶藏（詩自身=O）與大人的寶藏（詩價值=K），像是海浪那樣的沖刷著讀者的心智，讓人們找尋自己裡面，遊玩的孩子和不懂的大人在哪裡，而這過程則像是創造了讓人可以跟自己重玩捉迷藏遊戲與新遊戲：現形，的環境。

Slide 3　文化、記憶、藏寶圖的遊戲

　　來學維尼克特說話，沒有單獨遊戲這件事情，有的是遊戲與遊戲的環境。而在兩者之間還有個第三地帶。

　　我發覺，原來進一步說起來，『聯想』則不單獨

 　　一顆石子有著微心大義，那麼精神分析是人造大自然嗎？

存在於外，也不單獨存在於內，是連接著內外，更可以聯想到連接母親和孩子的臍帶那樣，是維持兩邊生命的工具。

維尼克特在《文化經驗的所在》一文中說：「我知道（人總是會知道）大海是母親，而孩子在海岸所出生。嬰兒來自於海洋，然後被送到了陸地上，就像鯨魚裡的約拿一樣。所以現在海岸是母親的身體，在孩子出生後，母親和現在這存活的嬰兒開始相互了解。」

母親的身體，和活著的嬰兒，之間的『互相了解』，這是第三地帶，就像是寶藏與尋寶的人，中間要有一條道路、一張地圖。人類終其一生進行的尋寶的遊戲，是建立在對寶藏的知道之上，就如同維尼克特說，人怎麼總是會知道。

我接著要說說，『知道』這件事。人怎麼會總有些知道自己不知道的事？我翻譯建佑醫師曾在山風頻道的地海巫師中說：天上沒看過的星星，卻曉得名字，曉得沒知道的東西，是忘記了過程，而記得內容的碎片；而記憶的屏幕，是相反，是忘記了內容，只記得了前往的道路，是找回內容的線索，是內容的未解壓縮狀態。如果像維尼克特說的，文化是人性的公

共池（common pool of humanity），可否說是收容人類未能記得的記憶之所在，未能尋得但知道的寶藏之所在，體驗文化，有可能達成泡在這文化池子裡遊戲著，在體驗文化之中，有一天人能成為一個人；在尋找藏寶之中，人找到屬於自己的寶藏。那是甚麼？我將引述維尼克特的語言。

Slide 4　屬於「不知道」的寶藏

維尼克特在《文化經驗的所在》一文中說：「然後我開始看到，在這裡面是受用（employment）了一種複雜的親子關係概念，並且可能有著一種屬於嬰兒的觀點，這不同於母親或觀察者的觀點，並且這個嬰兒的觀點是可以被繼續探索的很長一段時間，我的心一直處於一種『不知道』的狀態，而這種狀態後來具體化為我對所謂過渡現象的表述。」

我在想像，如何處於「不知道」之中，而能夠繼續遊戲呢？那需要一種被環境母親呵護的幸福。

嬰兒的觀點，是不是放置於古老洞穴中的寶藏呢？或著，能夠讓嬰兒的觀點持續地遊戲著，才是那種古老寶藏呢？或著說，能夠圍繞著「不知道」而繼

　　　一顆石子有著微心大義，那麼精神分析是人造大自然嗎？

續尋找，才是種幸福的寶藏。

　　猶如這片段：兇險的波濤對孩子們唱著無意義的歌曲，就像一個母親正在搖著她嬰孩的搖籃。大海跟孩子們一起玩樂……

　　……暴風雨遨遊在無盡的天空，船隻破裂在無軌可循的水中，死神已出來，而孩子們在玩耍。在無垠世界的海邊是孩子們的偉大相會。

　　或許，在寶藏的尋獲遊戲裡，寶藏同時是安全地找，以及要被找到。

Slide 5　不只是遊戲，而是找回了遊戲的環境

　　維尼克特繼續說：「在此期間，我與『心理表徵』一同遊戲，也與位於個人心理現實中的名為客體和現象的描述一同遊戲，感覺在這些之中；我也遵循了投射和內射的心理機制運作的效果。然而，我意識到，遊戲實際上既不是內在心理現實的問題，也不是外部現實的問題。」

　　一直處於不知道的狀態而能夠遊戲，其實在原始的時期，是有著可以這樣遊戲的環境的，那是嬰兒與母親，在這種狀態中擁有著對「未知」這東西安然共

存的能力，甚至是種可以遊戲的狀態，後來，嬰兒的成長則逐漸長成了維尼克曾經形容過的，智力的發展是爲解決環境的不足困境所用，或是發展遊戲所用。前者是假我的高度智力，後者則可以想做是還原了擁抱嬰兒的環境母親。

　　從自己和已知的K之中，分離出自己對K（客體？過渡客體？或是知識是一種過渡客體）的掌握的狀態，那種嬰兒將東西抓到手中（精神現實與外在現實的結合），產生一種遊戲叫做信仰（我抓得住甚麼，或是明天會更好），用信仰在內外在現實的不確定感引發的恐懼、迫害中存活下來，可另一方面很有可能這種信仰也讓嬰兒的自發性與多形性在整合過程中受損（所能遊戲的範圍受限於信仰），而需要再一次對信仰的根源發出追尋與再整合，找回嬰兒的觀點，實際上既不是嬰兒觀點的問題也不是母親觀點的問題，遊戲是再一次整合，或說不是以前的整合，是重新再重新的反覆發展的過程。

Slide 6　創世主的故事

　　接下來，我將試著介紹我腦中製作巫毒娃娃的材

　　　一顆石子有著微心大義，那麼精神分析是人造大自然嗎？

料。

單瑜臉書發文 20200927《仿生仿生人》

人類依照人類的形樣創造了仿生人。那麼人類模仿仿生人的表演，對於人類有什麼意義呢？……看著他們跳舞，觀賞者彷彿像是躲在鏡子裡窺視對著鏡子跳舞的女孩。這樣的過程像是人類成長的「鏡像階段」：嬰兒透過鏡子裡的自己——另一個他者認識自己的存在，鏡像中的「他者」，在成長過程中內化成自我的形象。……其中有一種顯明的創作動力，彷如在嬰孩時期透過想像的鏡映關係，他者逐步形塑自我的過程……「仿生人」的創作以及我們做爲一個讀者閱讀這類創作，幾乎是再次經歷了這樣幼兒早期想像所經歷的冒險歷程。……

又銘補充：是「想像」，這個魔法，使用這個魔法幫助寸步難行的嬰兒變成了別的東西，轉型。我要像她一樣，這個想法是認同的表徵，當這個想法出現時，讓我們知道主體內在某種過程已經形成了，「我」的imago已經形成了，這個可以裝載「我」的外殼形成了，仿生我，像是撿拾貝殼的碎片做成一艘船隻那樣，可以開始行走於世間。在那艘船上載著的，是魔法所保護的樂趣。

那麼，誰是這個仿生我的創造者，或說是主人在哪裡呢？創造出來的栩栩如真的我，和創造者，誰又是我，或者都不能說是我呢？是誰在預先在心智裡留下這樣的疑問，它們就是藏寶圖的碎片吧。

Slide 7　我，是建構給活神居住的神殿

　　維尼克特在《文化經驗的所在》中說：從我們開始考慮這個想法起，情況就變得更複雜了，因為我們必須假設：假如小寶寶對這個客體的使用，會逐漸構築成任何事物（那就是，比生來就沒有大腦的小寶寶身上發現的活動還要更多一點什麼），那麼，在小嬰兒的心裡，或是個人的心理現實中，必然會開始建立這個客體（母親）的形象。可是，內心世界的這個心智表象之所以能夠被保持重要，或者說內在世界這個對外在世界的心象（imago），之所以能夠被保持得有活力，完全是靠著真實的、與小嬰兒獨立分離的母親可以被使用（availibility），以及她的育兒技巧，才得以加強的。……而這是人類生命中的X分鐘。

　　一顆石子有著微心大義，那麼精神分析是人造大自然嗎？

Slide 8　碎裂的容器與修復

　　我們在構思這個問題時，或許應給時間因素該有的分量。母親存在的感覺在小寶寶心中可以持續X分鐘；假如母親離開的時間超過X分鐘，那麼這個「心象」就會消失，小寶寶使用結合象徵的能力也會跟著停止。小寶寶會感到受挫，可是這個挫折很快就會得到改善，因為母親在x+y分鐘後回來了。在x+y分鐘裡，小寶寶還沒有改變。可是在x+y+z分鐘裡，小寶寶的心理就受到創傷了。在x+y+z分鐘裡，母親就算是回來，也無法彌補小寶寶已經改變的狀態。這創傷暗示：小寶寶的生活持續性已經中斷，所以原始防衛如今又被組織起來防禦一個重複發生的「無法思考的焦慮」，或是屬於早期自我結構崩離（disintegration）的急性混亂狀態。

　　……在從x+y+z分鐘的剝奪後「復原」時，小寶寶必須重新把斷落的連續感接上，雖然跟個人生命之初的連續性接續的某個根源已經永遠失去。這邊暗示了一個記憶系統以及一個記憶組織的存在。

　　相較於受到x+y+z分鐘剝奪程度的影響，母親事後「集萬千寵愛於一身」式的照顧，治癒了小寶寶自

我結構的損傷，對自我結構的修補，重建了小寶寶使用結合象徵的能力；然後小寶寶才能再次允許分離，並且從分離中獲益。這就是我要來思索探問的關鍵所在，分離並不僅僅只是分離，反而是結合的一種形式。

Slide 9　沒有名字的修復工作

　　X ＋Y分鐘：魔法失效。

　　X ＋ Y ＋Z分鐘：魔法有電與沒電之間的餘生。

　　終其一生，不是未曾失落，而是因為失落的記憶（MEMORY OF LOSS）不復記憶。

　　終其一生，只有行動是記得的，只記得要尋找修復的碎片。

　　終其一生建構自我，為不復記得的環境重現古蹟。

　　Milner說：

　　「……有時，內在世界被描述為外在世界的反映；但它肯定是一種非常積極與任性的反映（active and headstrong kind of reflection），顯然像是

  一顆石子有著微心大義，那麼精神分析是人造大自然嗎？

愛麗絲《夢遊仙境》的世界那般，自由地闡述其外部原型。……因爲我們納入心理的東西顯然是一種關係；不是客觀看到的我們生活的公共事實（public facts），……在事情發生的那一刻，在我們積極與情感地參與其中的那一刻，以我們所看到的方式被納入。……

　　……因此，如果一個人要有能力超越自己的境遇，而非盲目地成爲事故的奴隸，那麼這兩者之間的差異在生物學上是必要的。同樣，當一個人第一次體驗到這種差異時，肯定不知道這是一種生物學上的進步，可能感覺更像是某種燃燒的絕望憤怒。因此，在差異這一赤裸裸的事實背後，可能潛藏著巨大的原始恨意，伴隨的是人類處境中固有的幻滅感。」

　　「……如果我們要超越盲目的本能可以有所發展，確實必須在主體與客體間做出區分，這種固有的恨意乃透過藝術以一種特殊的方式加以克服。肯定是透過藝術，我們故意恢復了分裂，並將主體與客體結合成一種特殊的嶄新統一體。……在藝術裡，儘管外在世界的一部分被改變，從它『自然』的形狀中被扭曲，以適應內心的體驗，但它仍然是外在世界的一部分，它仍然是油漆、石頭、口說或書面語言、身體

的運動或樂器的聲音。它仍然是外在世界的一點。但不同的是，工作已經完成，已經有了一種勞動，使它更接近一個人的內在概念，不是以世界實際的工作方式，而是以一種『彷彿』的方式。……因此，在我們稱之為審美的經驗中，主要恨意的原因肯定會被暫時超越。但不僅是暫時的超越，肯定也會永久地減少。因為在體現錯覺（illusion）令人滿意的經驗中，實際上已經有了某種互換。由於此後客體被賦予了一點『我』，人們就不能再像以前那樣看待它；……事實上，審美經驗已經修改了願望，透過給它一個新的客體，把自己的一部分塑造成一個新的形式；同時，它也帶給外在世界中以前無動於衷的那部分新的情感意義。」

我想舉例：孩子玩沙的城堡，做好以後這是我的城堡，而不是一個城堡而已，意義在這裡透過主客體的結合而附身，在這個城堡上有了名字，靈魂暫時居住於其中。

甚麼是靈魂？說不出。但有個現象——擬人化，像是施展一種為物體注入靈魂的法術。問題是，甚麼是人。

一顆石子有著微心大義，那麼精神分析是人造大自然嗎？

Milner說：

……歸根究柢，我們之中的藝術家試圖創造的也許是我們自己；如果是我們自己，那麼也是這個世界。

文化，創造，可能借用Bion說的Waking dream thought來說，那是否是再現，或說是睡覺是維尼克特說的解離狀態，而夢是心智的退行功能的實現，企圖找到原始的自己碎片，再將其組織成為完整自我的企圖，而編織出文化作為新的創傷的障蔽（Screen），從創傷的記憶作為創傷是創傷事件的寄宿客體或是紀錄者，轉而為自己有能力編織出文化產品，這個文化產品相當於我的（創造力）誕生，將我的生存概念投注在其上。或者，包括「改寫自我失落」願望在內。這種使用文化藝術，是與原始的再相遇，來體會為尼克特說的，分離是再會結合的方式，與描繪、語言、捕捉，是同義的。而嬰兒在編織出文化產物後，得以用這個做為遊戲的環境，繼續遊戲下去。

Slide 10　巫師與法術的本質：是否能夠知曉人的真名

接下來，我要關心精神分析的本身，然後開始講巫師的故事，然後看它們像多重的平行宇宙那樣，互相圍繞。

精神分析關心的人心內在世界，它的發展從找到真實性，到找到幻想性，到找到如何幻想與為何幻想，我想在那之中，一個人性正在活在那裡。維尼克特說：這些文化遺產的體驗，更可能實際負責了構成兒童的人的特徵；當勒瑰恩說：欲成為海洋大師，必知曉海中每一滴水的真名。

瑞君心理師說：達尼是個對法術天賦異秉的小孩，在還沒有任何的正式的學習關於「技」與「力」之前，他透過觀察姨母施展的小法術來召喚羊群，便學著姨母對羊群大喊同樣的字詞，他不懂這些用詞的用途和意義，他成功的召喚了山羊。

我們可以說達尼擁有的是一般人無法擁有的內力，有一種preconception（前概念），只是等待著被發現及實踐，這渾然天成的狀態⋯⋯最好的長大的方式，讓一個人能夠跟自己在一起的狀態下久一點，

一顆石子有著微心大義，那麼精神分析是人造大自然嗎？

即便是帶著最好的意圖，但讓成長過程不太受打擾。

溫尼考特（1952）用「核」（kernel）與「殼」（shell）的概念，說明自我的發展中身心共存及存在（being）概念的重要性：

「嬰兒從重心發展而來，因此處於核（kernel，他的自我意識），而不是殼（shell，他母親自戀地希望自己被看到的需要），能夠創造性地感知。正是這一點，也只有這一點，才能導向自體感（a sense of self）和真實感（feeling real）。這種意識爲生活帶來了意義，使生活有價值。」（Jam Abram, see CREATIVITY: 6 SELF: 11）

Slide 11　黑影現身

瑞君心理師說明地海巫師：黑影，讓人想到天生就是要隱藏起來，不示人真面目，一團未知的力量，讓人感覺摸不透，但是與自己又很相關，但是會引發自己厭惡和拒斥的東西，人會花一些隱形的力量在對抗它，因爲不知他蟄伏在哪裡，但是他因爲知道會被我們討厭，而且也很了解我們，所以他會潛藏在某些我們意識不到，他知道要藏在我們個性裡面的某

種皺摺處，但前意識或潛意識裡總有一種呼之欲出的感覺，只是這些厭惡及害怕的東西被投射出、外化出來了，變成存在於環境中一團的，不知道是什麼的存在，在暗處擾動著我們，常說有人常說，特別是當夜深人靜的時候總害怕自己的獨處，覺得那種隱隱的、暗淡的、微微的力量，藏在某個地方，在互相窺視著，感覺自己被某種力道蟄伏、暗地裡使人受到黑影的威脅。

也提到變換法術的危險，其中危險就是：巫師改變個人形狀之後，極可能被自己的法術定住。

Sldie 12　與黑影搏鬥的巫師

建佑醫師：我們或許都得從意識光明開始，才有勇氣與技能走往潛意識的黑暗，那些沒有語言的部分。雖然黑影看似是一個可怕的生物，但那也能想像成被潛抑因而只能以行為記得的事（黑影會做惡）

又銘：對我來說，如何點亮自己驅趕恐懼，是生命保家衛國的難題，這是對希望的追逐：心智的語言趕上生命經驗，這是事後的事了，在此之前，也就是在追趕的路程中，用一個影子，邪惡的黑影，來函括

 　　一顆石子有著微心大義，那麼精神分析是人造大自然嗎？

無法接觸的事物，那個惡，是被害感的惡，是危及嬰兒的全能自大的惡。我想著，這種光亮點亮了自己卻也破壞了自己，這一點性質上有點類似於使用客體的時候，必須破壞了客體；若說了解自己的本質，那是有關於了解，自己是如何破壞而使用自己的過程，與目的。

延續著上述的挫敗感，自己不知道自己是誰，仍要拚著命組成，而對抗這種被黑暗吞噬的恐懼，孩子必須有所作為。

地海巫師：由於羞愧使然，格得大喊：「你什麼也沒教我，我怎麼會知道這些事？自從跟你一起住了以後，我就什麼事也沒做、什麼東西也沒看到──」

「現在你已經看到一些東西了，」大法師說，「就在我進來時，那黑暗的門邊。」

Slide 13　追趕孩子的靈魂之時，是否能夠知曉黑影的真名

格得顧不了自己，馬上集中力量運轉自己的靈魂，去追趕孩子的靈魂，要把它帶回家。

地海巫師：四周悄然無聲，山丘上方的星辰，

是他肉眼不曾見過的，但他曉得那些星座的名字：捆星、門星、轉者星、樹星。它們都是那種不會下沉，也不會因某個白天來臨而淡隱的星辰。他追趕那個垂死的男孩，追得太遠了。格得一察覺這點，便發現自己單獨站在幽黑的山腳邊，想轉身回去時已經很難了，非常難。……一步一步用意志力爬山，每一步都比前一步艱難。……在這片廣袤的黑暗王國內，只有他在緩慢走動攀爬。……牆的另一邊，一個黑影與他面對面。那個黑影不具人形或獸形。雖然沒有形狀，也幾乎看不清楚，但黑影低聲無語地對格得唏唏噓噓，並向他逼近。黑影站在活者那一邊，格得站在死者這一邊。……他的「精神之杖」就在手中，格得把它舉高。這動作使他恢復了力氣，他對著黑影，準備跳過那道低矮的石牆時，杖轉眼放出白光，在漆黑之中成了眩目的光亮。他縱身一躍，感覺自己墜落，之後就什麼也看不見了。

　　曉得名字卻不曾看過，還有一種情況，是用法術給予了名字，但卻內在缺少了感知，有著K，但沒有O。帶不回孩子的靈魂，因為法術只能帶來障眼法。使用著燈光照著黑暗，一如精神分析中說過的故事，在提著油燈的光亮中尋找鑰匙，但鑰匙始終在黑暗之

　　一顆石子有著微心大義，那麼精神分析是人造大自然嗎？

中。在黑暗之中的暗影是活生生的，反倒找尋死者的靈魂之人，雖然充滿掙扎，充滿動力，但是在死的這一端不斷掙扎。黑影在活著，以一種黑影的姿態活著。

我還想起《卡夫卡的日記》，卡夫卡說：打開日記，就只為了讓我能夠入睡。是為了甚麼而睡不著，那是種心煩的意思；而入睡的是誰，是心煩的自己，為什麼要入睡，因為心煩，就像日記打開了，某種語言出現了，而人就進入睡眠的世界，這裡的日記令人想起夢的作用。也許生活中間的浮光掠影，這些白日的生活，在意識的作用，都像是在為潛意識催眠，反倒是這些日記讓潛意識進入睡眠中。

活著的本身，是在治療受傷的地方。雖然有些生命活著，就像是在打戰一樣，甚至是殺生，但是這樣看來，為什麼一直在打仗，反倒是像是為了避免死去的障眼法：某些活著在掩蓋死去，而某些殺生反倒像是在為生命奮戰；日常醒著像是睡著了，反倒睡著之後才是心靈世界的甦醒。

Slide 14　黑暗的等待，是在等待著水乳交融再次遊戲嗎

　　地海巫師：在等候他的正是黑暗本身，那個無名的東西，不屬於人世間的存在，也是他所釋放或製造的黑影。它長久在靈界那個分隔生死的界限上等候他。現在它擁有格得的線索，正伺機靠近他，想奪走他的力氣，吞噬他的生命，裹藏在格得的肉身之內。……那東西不是血肉之軀、不是活的、不是靈魂、沒有名字、也不存在，它的存在是格得賦與的。那是一種可怕的力量，不受陽光照耀的人間律法控制。它受到他的驅使而來，想透過他行使它自己的意志，成為他的造物。……尸偶一度用吹氣似的聲音再次呼叫格得的名字，雖然尸偶已經取走格得的巫力，所幸還沒有力量勝過他的體力，所以也無法迫使格得停下來，格得才能一直跑。……怪的是，尸偶好像無法抓到他，只是一直緊隨在後，對著他呢喃咕噥。格得這時忽然領悟：終其一生，那個細小的聲音一直在他耳裡，只是聽不見而已；但現在，他可聽清楚了。他必須投降，必須放棄，必須停止。

　　在描述精神分析過程時，維尼克特（1954）寫

一顆石子有著微心大義，那麼精神分析是人造大自然嗎？

道，「假我逐漸變成了『看照的自我』caretaker self，只有在多年之後，看照的自我才能交給分析師，假我順服於自我。」

黑影，我把它想像作生命極其早期經驗，是人的世界不認識的O，和O不認識的環境世界的組合體，在那裡有生命的泉源，卻沒被認識，包含了一，包含了萬物，包含了生與死。（因為生命不被認識，死亡也無從命名，只有本能和其環境。）

Slide 15　nothing for no-thing, equal to positive capability負負得正

地海巫師：……幸好他早有準備，伸手一捉，捉住了那個在他手臂可及之處搖晃抖動的東西。在對付那個無生體的節骨眼上，所有巫術都無用武之地，只能靠自己的血肉之軀和生命。格得沒有念咒，只是徒手出擊。……

知曉真我之名，身體的氣力是種真我投放於人間的法術，如同本能並未現身，現身的是本能的使者，是那些徘徊在耳邊的訊息，突然餓了，突然冷了，突然濕了，一開始甚至無法命名這些，直到人類發明了

法術，但，人間的法術無法對付陰間的東西，陰間潛意識的東西，要靠陰間的法術，那是轉型而來人間成形的黑影與身體的氣力。知曉真我之名，才能觸碰真我，猶如取用海水。可能是有著如同拈花微笑的沉默，如同佛陀坐於菩提樹下，正面迎接牧羊女賜予回應本能的羊奶，不以苦行的法術去面對本能真我，以negative capbility面對畏懼，有著比喻做類似像高深的定力這樣的能力。

　　所有恐懼都消失了，所有喜悅也都消失了，從此不再有追逐。現在，他既不是被追的人，也不是追捕者。因為這第三次，他們已經交手並接觸：他左右自己的意志轉身面對它，試圖以活生生的兩手抓住它。雖沒有抓牢，卻反而在彼此間鍛鑄出一種牢不可破的連結和環節。其實，沒有必要去追捕搜尋那東西，它飛逃也徒勞無功。他們雙方都逃不了彼此。終究必須交鋒的時間、地點一到，他們就會相遇。可是，此時、此地到來之前，無論日夜，不管海陸，格得都不能平靜安心。他現在明白，儘管這番道理很難懂，但他的任務絕不是去抹除他做過的事，而是去完成他起頭的事。

　　駭客任務中，先知對尼奧說，你不是來做選擇

　　一顆石子有著微心大義，那麼精神分析是人造大自然嗎？

的，選擇已經做了，你是來了解你為何做選擇的。尼奧並未繼續與母體matrix對抗，他的行動是回到、進入、幫助母體，幫助釐清甚麼是畏懼：史密斯病毒這個令母體失效而瀕臨崩潰的病毒，而帶來母體與人類的共存。

Slide 16　把孩子的靈魂帶回家，以父（負）之名

　　把孩子的靈魂帶回家，是明白為何靈魂離家出走了，是明白在嬰兒與母親，客體灌注與客體關聯的過渡空間裡，那些x+y+z的時間裡，所發生的事情，是以看見來接住，以君臣之禮的臣服來迎接本能的訊息，而相互存在並且遊戲。

　　蔡榮裕醫師在《山風頻道》中提到：……佛洛伊德在晚年的文章〈有止盡與無止盡的分析〉裡，提到「ego在id旁邊」這種說法，只是說自我站在原我旁，而不是要以自我來壓制或消滅原我，甚至說經過分析後，是否有預防未來不再發生的可能性。他更說那是由於我們無法完全掌控原我，也無法掌控外在環境的因素，而這些也是前述的小說故事情節裡，那種誘惑

得以產生的基礎，也許可以使用其它術語來描述，這種誘惑能產生的潛在動力。……《地海巫師》裡席蕊對格得這麼說，「從石頭本身得知，我告訴過你，那石頭說你會來，它認識自己的主人，也一直在等你，在您出生以前，它就在等你了。等那個能夠駕馭它的人，凡是能教鐵若能石回答問題，且服從指示的人就有力量掌控自己的命運，包括擊毀任何敵人的力量，不管敵人是人是靈；以及遠見、知識、財富、疆土；還有隨心所欲的巫術，讓大法師也自嘆弗如！要多要少，隨你選擇，任你要求。」（頁175）

有時我們也會被誘惑，真的以為自己是具有這般神奇力量，……我們要注意自己的那塊太古石被啟動起來，看似有了更大的力量，但也如同前述佛洛伊德所說的如「巫術般的後設心理學」（Witch metapsychology）。

Slide final

最後引用《地海巫師》的這一段，讓召魂這件事情，來為活著的生命安神。

「如果我轉身，」格得過了一陣子才說：「如果

一顆石子有著微心大義，那麼精神分析是人造大自然嗎？

像您說的，由我追捕那個追捕我的黑影，我想應該不需要多少時間，因爲它只盼與我面對面。它已經達成兩次，而且兩次都擊敗我。」

「『第三次』具有神奇魔力。」歐吉安說。

……格得說著，或許是反駁歐吉安，或許是反駁自己：「它就會取走我的知識和力量，加以利用。目前，受威脅的只有我，但如果它進入我，占有我，就會透過我去行大惡。」

「沒有錯，要是它擊敗你的話。」

「但如果我又逃跑，它肯定會再找到我……我的力氣全都花在逃跑。」格得繼續踱步片刻後，突然轉身，跪在法師面前，說：「我曾經與偉大的巫師同行，也曾在智者之島住過，但您才是我眞正的師傅，歐吉安。」他的口氣滿懷敬愛與凄黯的快樂。

「好，」歐吉安說：「現在你明白了，總比永遠都不明白好。不過，你終究會成爲我的師傅。」

歐吉安的語言巫術，讓格得的靈魂回到他的自我來，運用自己的力氣，來陪伴自己的黑影。

那麼，回到最初的標題，巫師文化的體驗，若知曉幻術與黑影的眞名，會是招魂術還是命名術？

參考文獻

1. The location of culture experience, D. Winnicott, (1967). International Journal of Psycho-Analysis, 48:368-372.

2. The Language of Winnicott, Jam Abram, Routledge.

3. On Not Being Able to Paint（論無法繪畫）, Marion Milner, Routldge.

4. 地海巫師，蔡美玲譯，木馬文化。

5. 泰戈爾之新月集，環華百科出版社。

劉又銘

精神科專科醫師

台中佑芯身心診所負責人

臺灣精神分析學會推薦精神分析取向心理治療師

精神分析臺中慢讀學校講師

一顆石子有著微心大義，那麼精神分析是人造大自然嗎？

與談人：白芮瑜

在海中誕生

　　聽著又銘醫師唸的這首泰戈爾的詩篇，也開始在腦海裡想像著海邊的場景，彷彿聽到孩子們的笑聲，自由自在的就地取材玩樂，把普通的素材編織成屬於他們的玩具，在渾然天成的大自然景象中，這裡是他們的遊樂園。想像海水順著海流波動打在海岸上發出的聲音，規律而平靜，如同mindfulness的音樂，聽到的時候覺得很安心；即使大海捲起波濤，並沒有被單純天真的孩子視為恐怖意象，好像打從心底知道海不會無情吞噬，因為海是他們的媽媽。「我又曉得（我們總是曉得）大海是母親，上岸後小孩就出生了。小嬰兒從海裡誕生，被吐到陸地上，就像約拿從鯨魚的肚子裡被吐出來一樣。」（引自遊戲與現實——文化體驗的所在，唐諾・溫尼考特著，朱恩伶譯，頁158，心靈工坊出版。）

　　孩子如果是被吐出到海岸上誕生，這是與母親最靠近的地方；媽媽在場，孩子可以享受真實的自我探索世界的樂趣，與環境互動與體驗之下蹦出帶有自身

色彩的創造力，無中生有，卻又好像不是，「把什麼玩出來」似乎已經潛藏在孩子心中形成某種蓄勢待發的創意能力，只等著它在什麼時刻被玩出來一樣；用玩來體驗他以外無比廣大的世界。

　　那種深藏在身體裡的能量，如同在地海巫師裡的小男孩達尼，在他七歲那年，還沒有人教他何謂身上的「技」與「力」時，他模仿著當時女巫姨母，對跳上屋頂不肯下來的山羊唸的韻詞／咒語，發現在「施咒對象」身上產生效果，那是他第一次使用魔法，開啟了他在魔法世界中的遊戲體驗。「遊戲中的小孩陷入幾乎就要脫離現實的狀態，有點類似較大的孩子和成年人對事情的專注。」（遊戲與現實，頁96-97，心靈工坊出版。）當達尼還是一名小男孩，享受魔法力量帶來趣味性，在十楊村他玩得不亦樂乎，藉由體驗的過程，開始使用自己的身體與外界周遭的人事物產生激盪。溫尼考特提到的遊戲領域不在外面也不在裡面，那是一處讓人介於「之間」的地方；外在之於內在，現實世界之於魔法國度，真實之於幻象，閱讀地海巫師好似自己也在魔法世界裡穿梭著。

　　　一顆石子有著微心大義，那麼精神分析是人造大自然嗎？

有什麼藏在遊戲裡

「追趕孩子的靈魂，要把它帶回家！」看著標題，腦海中浮現的意象好像是要把屬於自己的一部分找回來，那個部分是本質的一部分嗎？被放逐出去的黑影，帶著陰暗、恐懼、不懷好意，在黑影誕生到內在以外的現實世界那天開始，格得經驗到「恐懼」，這個恐懼不像是在故鄉對抗卡耳格的野蠻人時那種慌張。在一次因著被朋友嘲笑、鼓譟而做出一場失控的表演中被釋放出來的黑影，暗黑力量比他所預期的還要強大，似乎澆熄了曾使用魔法快樂玩耍的自信，這遊戲不好玩了！他不知道內在那股像是本能般的力量有多麼巨大，足以傷害到他自己與身邊的人；那是他在憤怒、衝動又不甘心之下創造的產物，未知的恐懼，這是他第一次經驗到，那股力量既陌生又邪惡，而黑影也如同帶有威脅一般可能正在找時機要抓到他；這遊戲真的不好玩了。

「超現實」聯想到的是達利這位二十世紀超現實主義派別的畫家，超現實主義作品強調潛意識的畫風，畫出比現實更現實的東西，他們覺得內在精神世界的東西比較重要，畫畫本身並不重要，不是關注在

眼前所見的東西上，是超越現實了，也是最接近精神分析的繪畫派別。達利的畫充滿夢境般的元素，作品常常充滿怪誕、誇張、沒有邏輯的構圖意象。

　　格得受到黑影追捕的「餘生」，以恐懼不安的狀態躲避著黑影，似乎也收起了起初耀眼的驕傲自信。在下拖寧鎮認識了造船匠沛維瑞與他的兒子伊奧斯，築起了堅定的友誼。面對到伊奧斯無法治癒的疾病，彷彿讓擁有超能魔法力量的巫師也如手無寸鐵一般，看著伊奧斯母親面露的悲痛絕望，或許這一幕勾動著格得的無力無能，使得他不願放棄任何救治機會，「馬上集中力量運轉自己的靈魂，去追趕孩子的靈魂，要把它帶回家」（地海巫師，勒瑰恩著，蔡美玲譯，頁126，木馬文化出版。）。若以超現實的角度來想，格得去救孩子如果是一場夢，是一場超現實的夢，反映著格得內在的什麼呢？潛意識隱含著何種慾望，驅動他追逐即將逝去的靈魂？（引自薩所羅蘭的風──地海巫師自救會私下交流）。

　　格得的母親在他年紀很小的時候死掉了，對孩子來說是一個很失落的經驗；在格得超現實的夢裡是一位男孩即將死去，即使知道「傷可治，疾可療，垂死的靈魂只能任由它去」（地海巫師，頁126），如同夢

　　一顆石子有著微心大義，那麼精神分析是人造大自然嗎？

的置換作用，會不會像是爲了挽救童年的失落經驗，追逐著無法挽回的靈魂；抑或是一種無法彌補的過錯，如同他年幼無知時所釋放的黑影，不可置信當知識不足時使用內在力量帶來的毀滅性，亦難以接納假如這個對抗他的其實正是他自己？

找回自己散落的靈魂

在追趕孩子的靈魂時，格得在山丘上遇見了黑影，他這次選擇挺身而出使用自己內在的「力」對抗，像是要徹底消滅它一般，但對抗黑影，他還缺乏技巧的「技」，因此跟上次對戰失敗的經驗一樣。然而再一次次接觸黑影的歷程中，他逐漸發現當他選擇逃避，黑影的力量會增強，足以吞噬與占有他；試圖用力氣抓捕它時，它卻化爲一陣無形煙霧。若宇宙中萬事萬物的力量都存在著一體制衡的定律，像是太極的概念，是宇宙最原始的秩序狀態，在太極圖中是以S型劃分爲一邊黑一邊白，相互對立，陰陽平衡。這也說明著何以在格得領悟他與黑影的關係之前，只能被黑影追捕，處於失衡的太極輪轉中，極陽就轉陰，爲力量消長與相互制衡所困。

在《遊戲與現實》文化體驗的所在章節中，溫尼考特引用布封的說法：「風格就是人自身」，意思是當我們面對「一個人」，面對的是他與他的全部文化體驗。包含著一個人的生命經驗、他的特質、習慣等等，所有與這個人有關連的一切，長成我們眼前所認識的他。每個人身上流露著不同的文化習性，也形成個體的獨特性。想像在臨床情境裡，治療師面對眼前的人，是從他文化遺跡的點點滴滴慢慢建構起對他的理解，逐步拼湊出一個人的真實樣貌，以及每個樣貌的本質，在他可能已經陰陽失衡的精神結構中，尋找那還沒有名字的部分靈魂。

白芮瑜
國立臺灣大學心輔中心 專任心理師
古意心理諮商所諮商心理師
臺灣心理治療個案管理學會祕書長

一顆石子有著微心大義，那麼精神分析是人造大自然嗎？

第八章

超文化：不管那生命是否有語言，智慧不會和它相離！

蔡榮裕

如在本次研討會的前言裡所呈現的「或者精神分析只是一套幻術，但因爲被審慎的對待和聆聽，讓它可以在無名的心理世界裡，等待機會發現更多的名字，可以施展身心裡深層的生態學，當心花朵朵開時，仍需要留意寧靜的孤寂所引發的恐懼。那裡有生態學家、心理學家、人類學家、也有通曉造風求雨召雲喚霧的法師，在觀察恐懼時，建構太古史與嬰兒史裡，愛的步代是否太過於緩慢？」

「在這修習中，對於培尼海上一個小島『婹叟』，其沿岸每個岬角、島端、海灣、聲響、海口、海峽、海港、沙洲、礁石、岩石的名字統統要學會。學徒如果抱怨，師傅或許什麼也不說，只是加上更多名字；要不然就會說：『欲成爲海洋大師，必知曉海中每一滴水的眞名。』」（地海巫師，蔡美玲譯，木馬文化。以下譯文來自本書。）

我約略了解，很少臨床家如果想要有著科學語

言時，不太會以這樣的說詞來談論精神分析。不過稍有經驗的治療師，大致都經歷過個案以各種方式，來想像我們到底是什麼樣的客體？我覺得前一段這麼描繪是相當優美，而且是很貼近個案心中，對於治療者imago，並不是說治療者要刻意去扮演或拒絕，個案所想像和期待的那些角色，而是當個案這麼想像時，我們叫這種現象是「移情」，只是當我們快速地以「移情」這字眼，來框列個案所談論的故事裡，種種多采多姿或者冷酷無情，我是覺得太快地就把這些移置到移情概念來談，就可能讓其實原本可能有的，「移情」裡還有更多情節轉彎細節的名字，失去了的厚度和溫度？

「格得有時會歎氣，但從未抱怨。學習每個地方、每樣事物、每個存在的真名，雖然枯燥難解，但格得在這種學習中，看到他所冀求的力量，就像寶石般躺臥在枯涸的井底，因為魔法存在於事物的真名裡。……但格得一直沒忘記：『很多具備雄厚力量的法師，終其一生都在努力尋找一項事物的名字——一個已然失卻、或隱藏不顯的名字。儘管如此，現有的名字仍未臻完備，就算到世界末日，也還是無法完備。』」（地海巫師）

一顆石子有著微心大義，那麼精神分析是人造大自然嗎？

其實我這麼說並不是很準確，也可能對某些人來說，覺得這是對精神分析的「移情」概念的誤解，我也認為也許有這可能，但我也相信很多的故事，會引領我們有某種相同的移情，但是如果我們慢慢體會，個案所說故事裡角色之間，有著不同的其它意涵，是否我們對於移情的感受和說法，就會顯得更豐厚？尤其是如果想像，這些移情裡有著什麼文化材料，以這些材料如何成為內心世界的一分子？畢竟在不同國家之間，精神分析的差異裡是有著文化因子的影響，甚至變得難以相互溝通。只是對於這個文化因子，我們常是停在這個說法就止步了，好像有了這結論，就是了解了差異性。

首先，是涉及了精神分析的視野，所引發的感受和想像，「有些精神分析師雖然精準的強調，本能體驗與挫折反應的重要性，但在說明玩遊戲這些無高潮體驗的驚人強度上，卻無法說得清楚，也缺乏說服力。我們習慣從精神官能症，以及（出自本能生活焦慮的）自我防衛角度來思考，傾向於從自我防衛狀態來評估健康。如果這些防衛機制不僵化遲滯，我們就說這類的話，自我是健康的。可是，除了疾病或疾病的缺席之外，我們很少有辦法形容，生命是什麼樣

子。就是說，生命本身到底是什麼，這個問題仍有待處理。精神病患者強迫我們注意這種基本問題。我們現在知道，讓一個小嬰兒開始存在，感覺到生命是真實的，發現生命是值得活下去的，這些並不是來自本能的滿足。事實上，本能的滿足在開始只是局部功能，而且還會變成性誘惑，除非小嬰兒有完善能力，可以接受全部體驗以及過渡現象的體驗。在自己（self）使用本能之前，一定要先有自己（self）：騎師必須能駕馭馬匹，而不是任由馬載著他走。我可以引用布封的說法：「風格就是人自身。」當我們說到一個男人時，我們說的是，他跟他的全部文化體驗。整體才能構成一個人。」（Winnicott，文化經驗的所在）

如先前的薩所羅蘭的工作坊，我們想要表達的不多，我們無意以總覽式的精神分析論點，來談論電影小說或其它文本。我們只是刻意選擇，一篇精神分析的文章為主軸，雖然這不是意味著我們只用那篇文章，但是由於將文本有所侷限，反而讓我們更有無限的空間，來自由想像如何在有限的材料裡，可以有最大的自由想像的空間。雖然這不是容易的事，或許也像是某種巫術般的文字工作，裡頭有著我們的心理工

　　　一顆石子有著微心大義，那麼精神分析是人造大自然嗎？

作，讓這些文字再度以不同型式活起來，這是我們期待的。

「只要你們仔細聽就會明白為什麼。陽光下的這個世界，和沒有陽光的另一個世界，都有很多事物與人類或人類的語言無關；在我們的力量之上，也還有別的力量。」（地海巫師）那些別的力量是什麼呢？文化的影響力，或者是智慧的所在？

我想要進一步想像的是，如果人有「智慧」這件事，大致上一般也了解，「智慧」不必然是透過語言本身所傳遞，如果智慧也會是文化裡的成分，那麼智慧這件事會如何變成心智的成分？本文只是試論，嘗試從《地海巫師》裡，巫師在傳授巫術的過程裡，所顯露的智慧是如何呈現，並試著和溫尼科特的《文化經驗的所在》來對話，探索這個命題。

畢竟什麼是智慧，是全然透過知識而獲得，或是另有其它的管道和方式？雖然智慧這個課題，是否必然是精神分析的範疇嗎？精神分析取向者的能力，需要以智慧來了解或描繪嗎？也許仍有爭議，不過如果我從比昂的角度來說，尤其是他晚年對於O的論點，至少在目前，如果我完全拒絕，從「境界」或「智慧」的語彙來理解，我是覺得很困難，而且是可惜

的。但是這些理解是如同翻譯過程，需要謹慎的相互想像。

　　雖然本文將以溫尼科特的《文化經驗的所在》，做為主要對話的內容，這只是我們設定的對話場景，並非一定得是唯一的論述方式。溫尼科特在《文化經驗的所在》這篇文章的起頭，是引述了詩人泰戈爾的詩句，「在無盡世界的海邊，孩子們在玩耍。」看似平淡的起頭，如果細究可以發現，他是有著把我們要談論的，孩童的心智發展過程，彷彿是在海邊看著海浪，來來去去的深不可測與無盡潛力。

　　「藉由幻術的變換，你可以使『拓』看起來像鑽石、或是花、蒼蠅、眼睛、火焰。」那粒小岩石隨著老師傅叫出的名字，一再變換形狀，最後又變回岩石。「但這些都只是『形似』。幻象愚弄觀者的感覺，是幻象使觀者『看、聽、感覺』，以為那東西好像變了，但幻象並沒有改變物質本身。倘若要把這顆岩石變成鑽石，你必須變換它的真名。可是，孩子，那樣做以後——即使只是將天地間這一微小的部分變換，也是改變了天地。」（地海巫師）

　　「『從我們開始考慮這個想法起，情況就變得更複雜了，因為我們必須假設：假如小寶寶對這個

　　一顆石子有著微心大義，那麼精神分析是人造大自然嗎？

客體的使用，會逐漸構築成任何事物（那就是，比生來就沒有大腦的小寶寶身上發現的活動還要更多一點什麼），那麼，在小嬰兒的心裡，或是個人的心理現實中，必然會開始建立這個客體（母親）的形象。可是，內心世界的這個心智表象之所以能夠被保持重要，或者說內在世界這個對外在世界的心象（imago），之所以能夠被保持得有活力，完全是靠著真實的、與小嬰兒獨立分離的母親可以被使用（availibility），以及她的育兒技巧，才得以加強的。』（Winnicott，文化經驗的所在）

把原始的灌注，如同注意力，開始圍繞著原本的感知（開始可以認知）走，蒐集更多感知，便能產生越多認知，背後有個函數在運作，但此刻似乎還不容易察覺。……可以被真實的母親支撐著，以便能專心感受一種連續性（從原始的感知，進展到思考作為一種感知）；在地上走久、走遠了，才有機會認識它的廣闊。」（陳建佑，2022.10.05日，山風頻道，心理的午餐，談論Winnicott的《文化經驗的所在》(I)）

可以從簡單開始。溫尼科特看似從複雜開始談，而我的想像是，人的智慧可能最後是很簡單或是極簡，但是愈極簡，其實是經歷過愈複雜的心智程序

吧，至少我是如此相信。雖然我還不太確定，在精神分析領域裡，是否要讓「智慧」這個語詞所代表的意義，在精神分析的辭彙裡佔有一席之地？不過我倒想至少要讓這個話題，在中立的態度和分析的態度，這些重要語彙裡穿梭，雖這不是本文的主題。

關於人生是什麼？2017年諾貝爾文學獎得主，石黑一雄列舉的十大電影之一，《生之慾》（Ikiru, 1952），由黑澤明（Akira Kurosawa）導演。石黑一雄是這麼說明，「這部電影不僅是在那時年代，（在倫敦）我能看得到的少數日本電影，而且它所說的確實鼓勵了我。電影裡的某些重要經驗，陪著我從學生時代，到我變成了成人。這部電影告訴我，你不必成為一個巨星，你不必做出什麼偉大的事，讓世界替你鼓掌，機遇會讓人生變得相對平凡——至少這是我自己的想像。對多數人如我們，生命是受限的、卑微的、且充滿挫折的，那是日常生活的折磨，但當你極大努力時，渺小一生也能變得令人滿意的美好和知足。不同電影傳遞截然不同的訊息，例如從《小氣財神》（A Christmas Carol）告訴我們，你將發現自己是相當糟糕的人，但你可以一夕改變自己，而轉型成另一種樣子。這與《風雲人物》（Wonderful

　　　一顆石子有著微心大義，那麼精神分析是人造大自然嗎？

Life）的概念有所差異，你會覺得人生一事無成，但其實一直有在做著很讚的事。也許這些是真的，但通常並不是這樣子。這是我希望年輕觀眾能夠從《倫敦生之慾》（Living）中得到（take）的……」（原文：The Criterion Collection，https://bit.ly/3QouwlO）

　　石黑一雄文中的take，讓我想著這是拿取到了什麼？或者是我們語彙裡的體悟或領悟或其它的。這種從電影這種文化產物裡，如同從文學，我們要拿取的是什麼呢？如果是石黑一雄在這短評裡所說的，「我喜歡黑澤明說的，面對生命，你不可能是消極被動的。這不是容易的事，但你也不必把人生縛在殼裡。」看似簡易的說法，但我們要如何有此經驗呢？透過欣賞電影、文學，或者是需要透過精神分析呢？或者兩者有著異曲同工嗎？但落差又是什麼呢？

　　「但到了今天，太古語文潛藏在我們的赫語裡，而且產生了變化。比如，我們稱海浪上的泡沫為『蘇克恩』，這個字由兩個太古詞彙構成：『蘇克』——羽毛，與『伊尼恩』——海洋。『海洋的羽毛』就是『泡沫』。可是如果口唸『蘇克恩』，仍無法操縱泡沫，必須用它的太古語真名『耶撒』，才能施展魔

力。任何女巫多少都懂得幾個太古語的字詞，法師懂得更多。但我們不懂的還更多，有的因年代久遠而散失；有的則藏而不顯；有的只有龍和地底的太古力才通曉；還有一些則根本沒有生物知道，當然也沒有誰能悉數習得，因為那種語言廣袤無邊。」（地海巫師）

有些語詞也是夠老了，例如「昇華」是否能走到那廣袤無邊的所在，讓我們多了解一些事？溫尼科特在《文化經驗的所在》裡這麼說：「在本文中，我希望發展我在大會（英國精神分析學會舉辦的慶祝佛洛伊德英譯標準版完成的宴會，倫敦，1966.10.8）上簡要陳述的主題。為了向詹姆斯・史崔奇（James Strachey）致敬，我說：佛洛伊德在他的心智拓譜學中，並沒有對文化事物的經驗，給予一席之地。他賦予內在精神現實有了新的價值，產生了對真實的和外在事物的新價值。佛洛伊德用『昇華』這個詞，來指出文化經驗是如何有意義的方式，但也許他並沒有更進一步告訴我們，在心智中，文化經驗在哪裡。」

我和朋友們就站在這個說法上，想要從文化和文化經驗裡摸索前進，來想想文學藝術等素材，是如何再次地有機會，讓我再找到如佛洛伊德當年，從伊底

　　　　一顆石子有著微心大義，那麼精神分析是人造大自然嗎？

帕斯王的故事裡，發現可以用來說明內在心理世界的某個現象，或者當我們說文化經驗時，和智慧之間的關聯是什麼？

當然還有其它想得到的原因，讓我們想要這麼做。這是來自於臨床經驗，如果詮釋（interpretation）所屬的知識層次的理解，如被比昂定位為「在知識層次的轉變」（transformation in knowledge），是不足以帶來患者的改變，或者說若有改變，並不是比昂所感到滿意的成果。比昂在晚年強調「在O裡的轉變」（transformation in O），當比昂這麼轉折地，對精神分析有了不同層次的期待，只是對我來說，這裡的O，如果從我們在地的佛教背景經驗和概念，來了解和體會，也許能貼近比昂想要傳遞的訊息？如果果真如他所說的，那是對精神分析很重要的概念和經驗。

如果直接的移植是一個方式，只是我也想著仍需要了解，精神分析本身對於這些文化的結晶產物，到底是以什麼方式來影響著人們？或者從精神分析的角度來說，我們有著什麼文字遺產，讓我們如果要在比昂的精神分析經驗，和我們的佛教經驗之間的對話，是可能透過什麼心理機制，來產生對話的效應呢？這

讓我們想到了，溫尼科特的《文化經驗的所在》這篇文章做起點，至少讓我們想要做的，是有個精神分析的基調做出發，不至於讓我們走出去後，卻失去了再回頭的路，而忘了自己的身分是誰，何以要做這些事？

「先前谷裡一個老伯曾教過自己控制天候的法術，其中一個叫做造霧，那是一種可以將霧氣綑綁起來，使之聚集在某一處的法術。……達尼不會那種幻術，但他意圖不同，且他有能力將之轉爲己用。他大聲講出村莊的幾個地點和範圍，然後口唸造霧咒語，並且加上遮蔽術的咒語，魔法啟動了，將村莊藏在霧裡。……殊不知這個男孩的咒語救了全村庄，戰事以村莊的勝利作結束。」（地海巫師）

可以把霧氣綁起來，讓我想到的是用這來描繪，比昂和溫尼科特一直在描述的，生命零至一二歲時，心理碎片般的心智狀態，如先前常說的，這是屬於以部分特質、部分客體來認識自己和他人的階段。例如，嬰孩的嘴巴和母親的乳房，兩者之間的相互交流和相互認識的經驗，談不上是嬰孩和母親的互動的階段。但我們是常會以「整合」的說法，來說明這些心理碎片，好像早就被整合而貼合成片。這是至今一般

一顆石子有著微心大義，那麼精神分析是人造大自然嗎？

聽到，以比昂和溫尼科特的論點，來描述臨床經驗時，常仍是以「完整客體」般的，談論父母和小孩之間的三角關係。這是意指著，三個完整客體的互動經驗。但是和部分客體的經驗是不同的。

當唸到小說中的造霧是把霧氣綁起來，看來雖說是幻術，但是卻有著前述的把心碎般破碎的部分客體的碎片，借由我們在理論上所說的整合，而將這些部分客體的碎片，綁成叫做自己或父母的人。其實我們將「整合」這語詞當做是熟悉的日常用語，但是實質它是如何運作的，人如何有這種能力呢？對發展中的嬰孩來說，所謂的「整合」，這種心理工作的能力，雖然像是接近科學的語言，但如果以這裡所說的造霧的幻術的說法來想像，我覺得不違和而且是更有生命力的感覺。而且這個造霧的幻術施作後，我們也可能知道不久後，它會消散再度回到零散的霧般，如同我們想像的整合，對某些早年創傷者常是如此，有時有幻術般覺得自己是什麼，但可能不久覺得自己空虛四散，不知自己是誰。

溫尼科特所使用的概念幻術是，引進了複雜的親子概念，來看文化和人的關係的起點，「然後我開始看到，在這裡面是運用了一種複雜的親子關係概念，

並且可能有著一種屬於嬰兒的觀點，這不同於母親或觀察者的觀點，並且這個嬰兒的觀點是可以被繼續探索的很長一段時間，我的心一直處於一種『不知道』的狀態，而這種狀態後來具體化為我對所謂過渡現象的表述。」（取自：文化經驗的所在）是的，就是先回到溫尼科特所說的不知道的狀態，而比昂也有著類似的說法，unknown是人了解人的起點，甚至是終點也是如此。不過不能只沈浸在「不知道」這個語詞裡，仍得先來嘗試各種想像。

那麼所謂本質或人的本質是什麼呢？也許有人聽過人性本善或人性本惡的說法，大家可能會發現這些本質的論述，還是有著論者本身的強烈意見，但也都會有跟隨想法的人。例如克萊因強調死亡本能或破壞本能，而本能的說法是帶有生物特性的本質的說法，而克萊因轉型成更接近，心理學的好或壞的心理感受的語詞，也許有著人性本好或人性本壞的本質論在裡頭。而溫尼科特似乎連非行行為都有著傳達希望，delinquency as a sign of hope，有著要和他人溝通的意涵，以及嬰孩剛出生不久後，那些咬著母親乳頭，狠狠的吸奶，有時對母親是種痛感，而溫尼科特不說那是攻擊的本能，而說是無情的愛或粗魯的愛

一顆石子有著微心大義，那麼精神分析是人造大自然嗎？

ruthless love。不過這他不是要我們矇起眼睛，不看其它潛在的恨意，不然他不會在《反移情的恨意》這篇重要的文章裡，提醒治療者，尤其是在處理困難個案的治療者，得注意恨意會有多重的形貌出現。

「賈似珀，慢慢來，讓他自在些時候吧。」費藥以其坦率作風直言。

「他要不是有法術，就是有力量，不然守門人不會讓他進來。既然如此，他現在表演和以後表演不都一樣？對不對，雀鷹？」

「我不會法術，也沒有力量，」格得說：「你們把你們剛剛說的表演給我看看。」

「當然是幻術囉，就是形似的那些把戲花招，像這樣！」

「賈似珀口念怪字，手指山麓綠草。只見他所指之處，淌下一道涓涓細流，而且慢慢擴大成泉水，流下山丘。格得伸手去摸那道流泉，感覺濕濕的，喝起來涼涼的，儘管這樣，卻不解渴，因為那是虛幻的山泉。……賈似珀臉上露出慣有的陰冷微笑。」（地海巫師）

「在《Boundary and Space》：一書中，如此描述『溫尼科特的寫作背後是一種平衡感和比例感，

一種美感，這種美感似乎經常以視覺形式呈現出來，就像他最喜歡的與孩子們交流的方式在《塗鴉遊戲》中以視覺形式呈現出來一樣。因此，我們從他那裡借用界線和空間（boundary and space）的概念，這部分觸及了他的發展理論的一些含義——對個人和個人生活、維持和重新創造的社會的含義。』這本書的編者說Winnicott他的工作與他認為人類天生具有的比例感之間的連繫，就變得清晰起來：

『我仍然在談論嬰兒，但是很難用嬰兒的專有用語描述最初幾個月發生的事情。為了簡單起見，讓我們現在來看看一個五六歲的男孩畫畫。我將假裝他知道正在發生的事，儘管他並不真的知道。他是做什麼的？他知道亂塗亂畫的衝動。這不是一幅畫。這些原始的樂趣必須保持新鮮，但與此同時，他想表達思想，並以一種可以被理解的方式表達它們。如果他完成了一幅畫，他就找到了一系列令他滿意的控制方法。首先，有一張特定大小和形狀的紙，他接受。然後，他希望能運用一些實踐中獲得的技巧。然後他知道畫完成後必須有平衡——就如你所知的，房子兩邊的樹——這是一種公平的表達，他需要的，或許是從父母那裡得到的。興趣點必須平衡，光線、陰影和配

　　　一顆石子有著微心大義，那麼精神分析是人造大自然嗎？

色方法也必須平衡。圖片的趣味必須分散在整張紙上，但必須有一個中心主題將整張紙編織在一起。在這種被接受的、實際上是自我強加（self-imposed）的控制系統中，他試圖表達一種思想，並保持某種思想誕生時的新鮮感。描述這一切幾乎讓我喘不過氣來，但如果你給孩子一點機會，他們就會很自然地學會。』」（陳瑞君於2022.10.04山風頻道心理的午餐）

我再以前段裡的一句話來說明我的聯想，以及如何想以小說的說法，來生動活力一般的術語。例如「口唸造霧咒語，並且加上遮蔽術的咒語，魔法啟動了，將村莊藏在霧裡。……殊不知這個男孩的咒語救了全村庄，戰事以村莊的勝利作結束。」如果你們聽過溫尼科特所說的，「假我」是指為了保護，那堆活生生的能量（真我）得以存在，並讓自己感到有存在感（being）的能量，但它需要自我ego來形成保護。只是這個保護如果過頭，就會讓人覺得假假的，好像都是為了他人而活，不是做自己，這些複雜感受。

不過如果我們以這小說裡這段描繪，達尼這位有著潛在能力（如法力），在不知不覺中模仿了咒語，造了霧讓村莊藏在霧裡，而避過了魔力的侵犯。如果

以這故事來想像溫尼科特的「假我」，如同那被咒語召喚出來的霧，形成了保護讓村人，如活生生的真我的存在，並非說所有村人都是善的，而只是以這比喻來想像，我們所謂的真我也可能是如同整個村莊裡的村人，也是有著複雜的可能性的組合。我覺得這比較接近溫尼科特所說的，活生生的真我，不是說他們都是良善的。

畢竟這是他借自佛洛伊德的「本能」的概念的具體化成「真我」，因此我們可以看見溫尼科特也是如此這般，以其它的比喻和想像，例如假我的初衷是努力且盡力，要保護那團活生生能量的真我，只是能依據的就是自己所知所能的，而可能做得過頭或者不足，以這比喻來說霧氣救了全村，但如果這霧氣終年不散而保護過頭，也讓整個村子無法見天日而難以活絡。因此所謂假我，就是以造霧幻術救了全村後，卻仍不願散去，如假我無法隨著其它現實，如目前已無危險了而讓霧氣散去。

「在太古語裡也有自己的名字。既然沒有東西會有兩個真名，所以『伊尼恩』的意思只可能是：『內極海以外的全部海洋』。當然它的意思也不僅止於此，因為還有數不清的海洋、海灣、海峽，各自有各

一顆石子有著微心大義，那麼精神分析是人造大自然嗎？

自的名字。因此，要是有哪個海洋法師瘋狂到想要對
暴風雨施咒，或是平定所有海洋，他的法術就不僅要
唸出『伊尼恩』，還得講出全群島區、四陲區、以及
諸多無名的所在以外，包括整個海洋中的每一片、每
一塊、每一方。」（地海巫師）

　　溫尼科特從原本的基礎，個體的內心世界做爲
唯一重要視野的精神分析，但在克萊因和他的同儕們
的努力下，把母親帶進了技術和理論的視野，在古典
論述是以三人競爭關係的「伊底帕斯情結」做爲出發
點，但是在克萊因之後，母親和嬰孩關係被關注，
也因有了更多的臨床觀察和理論的想像。因而在技術
史上，把治療者和個案的關係，從假設的「鏡子和
個人」，拉到以「母嬰」之間的關係，來做爲想像
和觀察的起點。並非這一定對或錯，而是由於比對
的基礎不同時，後續的想像自然就不同了，也把原
本談論的具有本質論的，例如人性的最初是什麼的
「infantile」（嬰孩期）的概念，和眞正的母嬰關係
的觀察來對比。

　　雖然也值得提醒大家的是，也有人主張嬰孩的觀
察，和精神分析要談論的infantile，是兩件不同的
事情，後者更是指一些抽象原始的人性心理領域。不

過由於以實質的母嬰關係做爲觀察和累積知識，對於對比於治療關係的建立過程，仍有著它的有用性。因爲臨床上著重的焦點，不再只是三四歲時的伊底帕斯情結，而是零至二三歲的所謂「前伊底帕斯期」的經驗，這使得以母嬰關係的觀察和想像，就更有的重要性。不過要記得，這只是以母嬰關係做爲相互比對，做爲參考點來了解，未知的治療關係的內容，並不是兩者相互等同。什麼是infantile呢？成長後它是以什麼樣貌存在，或者它有經歷什麼改變嗎？

　　「要變，是有辦法變的，確實可以，沒有錯，那是『變換師傅』的本領，那項本領等你做好必要的準備之後遲早會學到。不過，如果不曉得變換了以後，緊接著會出現什麼好壞結果，即使只是一樣物品、一顆小卵石、一粒小砂子，也千萬不要變換。宇宙是平衡的，處在『一體至衡』的狀態。巫師的變換能力或召喚能力會動搖天地平衡，那種力量是危險的，非常危險。所以，務必依知識而行，務必視需要才做。點亮一盞燭光，即投出一道黑影……」（地海巫師）

　　「然而，現在的我覺得，即使是欺騙，在死亡面前偷吃步，我也準備接受，爲之負責，因爲它不再像普羅米修斯神話中那般，去偷竊一種創造的權力，

　　一顆石子有著微心大義，那麼精神分析是人造大自然嗎？

而這種權力按道理只屬於父母。而且，這肯定不是事情的終結，這不僅是對死亡的欺騙；因為在試圖重新塑造一個人愛的客體時，象徵性地，肯定也是在重新塑造對它的慾望，試圖把慾望變成一種不會因其占有而破壞所愛之物的東西。如果真是這樣，那麼在試圖作畫時是否只關注夢的疑問就能得到解答；因為它表明，我們之中的藝術家試圖創作的材料基本上是人類衝動的原始素材。透過賦予個人議題以生命，透過發現模式與節奏並將其視為一個整體，從而以想像力來欣賞它的性質，一個人實際上是在創造一些東西，創造愛它的力量的精神現實——如果它是可愛的；或者笑它或恨它——如果它是可笑或可恨的。歸根究柢，我們之中的藝術家試圖創造的也許是我們自己；如果是我們自己，那麼也是這個世界，因為一個人對自己的看法與另一個人的看法總會相互滲透。」（王明智於2022.10.06山風頻道心理的午餐引用Marion Milner的On Not Being Able to Paint。）

「因此，給予我們力量去施展魔法的，也同時限制了這份力量的範圍。也因此，法師只可能控制鄰近地帶那些他能夠精準完備地叫出名字的事物。這樣也好，因為若非如此，那些有力量的邪惡分子或智者之

中的愚頑分子，一定早就設法去改變那些不可改變的事物了，那麼『一體至衡』勢必瓦解，失去平衡的海洋也會淹沒我們冒險居住的各個島嶼，太古寂靜中，一切聲音和名字都將消失。」（地海巫師）

　　如果從這關係來看溫尼科特，把玩或遊戲帶進來精神分析領域裡，是有著克萊因先以小孩的玩時，是如同成人分析時的「自由聯想」，每個聯想都有著它故事的名字，不論此時是否說得出來，我們是給與「自由聯想」巫術般地位，假設借由它可以帶來改變。因此讓遊戲得以成為是治療的重要基礎，也讓遊戲治療可以用得上，原本以成人為主的精神分析理論。而在克萊因、溫尼科特、安娜佛洛伊德等，對於孩童的分析治療的經驗，被形成理論，回頭來豐富了精神分析的視野。

　　至於玩是人在精神現實或是外在現實？這是有著克萊因的著重強調，以孩童的內在真實做主軸，而溫尼科特所呈現的反動和創意，但是他在理論發展上是謹慎的，先塑造著中間的領域，如「過渡空間」的說法。不過我們可以先來想像，你覺得你和某些人的關係的穩定度、舒適度或安全感，是在台北的安全標準的公園玩，或在野外叢林裡地上，有著各式障礙物或

　　　　一顆石子有著微心大義，那麼精神分析是人造大自然嗎？

危險，如蛇的出沒，雖然天空有著美麗的老鷹呢？或者是在這兩者極端情況的中間呢？

「惡劣期開始了。每次他夢見那黑影，或甚至想到那黑影時，就感覺到同一股冰冷的恐懼。由於恐懼作怪，他的感覺和力量漸失，人變得鈍鈍茫茫。他對自己的懦弱感到憤怒，但憤怒也沒有用。他想尋求保護卻毫無屏障，那東西不是血肉之軀、不是活的、不是靈魂、沒有名字、也不存在，它的存在是格得賦與的。」（地海巫師）

「如此看來，當我們墜入愛河時盲目經驗的外在與內在重合的體驗，在藝術中是有意識地實現，透過有意識地接受體驗的假定性和有意識地操縱一種可塑的材料。因此，在我們稱之爲審美的經驗中，主要恨意的原因肯定會被暫時超越。但不僅是暫時的超越，肯定也會永久地減少。因爲在體現錯覺（illusion）令人滿意的經驗中，實際上已經有了某種互換。由於此後客體被賦予了一點『我』，人們就不能再像以前那樣看待它；而由於『我』，即內在體驗，已經被更多的外在現實所充實，現在在願望和眞正存在的東西之間有了更密切的關係，因此恨意的原因更少，對於找到任何滿意的東西之絕望更少。事實上，審美經驗

已經修改了願望，透過給它一個新的客體，把自己的一部分塑造成一個新的形式；同時，它也帶給外在世界中以前無動於衷的那部分新的情感意義。」（王明智於2022.10.06山風頻道心理的午餐引用Marion Milner的On Not Being Able to Paint。）

這些幻術的施行者，被當做是巫師。不過治療者不論是那種取向者，基於移情，治療者被當做的身分是更複雜，從上帝、巫師到垃圾桶，甚至是傷害者，都有可能這裡所提到的，沈迷於幻覺般的力量。例如語言或文明也是，這是什麼意思呢？也就是大家需要深知語言的力量，除了具有咒語般的力量，例如人在不滿時的詛咒對方，對自己也是具有神奇的療育能力呢。

「那是一種可怕的力量，不受陽光照耀的人間律法控制。它受到他的驅使而來，想透過他行使它自己的意志，成為他的造物。格得對它的認知僅止於此。但是，它至今還沒有自己真正的外形，所以它會以什麼外形前來、怎麼來、什麼時候來，這些他都不知道。」（地海巫師）

或者大家聽過的，一言可以喪邦，一言可以興邦，佛洛伊德在晚年的文章《有止盡與無止盡的分

  一顆石子有著微心大義，那麼精神分析是人造大自然嗎？

析》裡提到，自己一生貢獻的精神分析理論，他稱做是「後設心理學」，而且是「巫術的後設心理學」（Witch Meta-Psychology），但他未多做說明。不過這裡所指的巫術，有人說那是針對哥德的《浮士德》，浮士德為了讓自己保持年輕，而出賣自己的靈魂給巫師。佛洛伊德對自己發展的「後設心理學」，特別說是具有巫術般的意味，大致不會是炫耀，而更是在提醒使用者，也許我們可以在小說裡的資深巫師對於巫術的態度。

小說第七章〈鷹揚〉裡，格得因被黑影追趕而落魄逃進一座城堡後，城堡裡的女巫化身席蕊，要誘惑格得摸那顆最有史以來最黑暗的心，所留下來的石頭，太古石，格得不願意摸那太古石，不願把自己的想法和欲望告訴太古石。席蕊說她一直和那太古石說話，但最後發現自己仍無法駕馭那太古石，但是那太古石如果出現，就是帶來人心裡最黑暗的事件，席蕊這麼說，「她⋯⋯也沒有那種力量，但你技藝和力量都有。」如果治療者真的如此相信，是好是壞呢？

小說裡席蕊對格得這麼說，「從石頭本身得知，我告訴過你，那石頭說你會來，它認識自己的主人，也一直在等你，在您出生以前，它就在等你了。等那

個能夠駕馭它的人，凡是能教鐵若能石回答問題，且服從指示的人就有力量掌控自己的命運，包括擊毀任何敵人的力量，不管敵人是人是靈；以及遠見、知識、財富、疆土；還有隨心所欲的巫術，讓大法師也自嘆弗如！要多要少，隨你選擇，任你要求。」

有時我們也會被誘惑，真的以為自己是具有這般神奇力量，不是對方不能如此期待，這是很常見的，無所謂對錯好壞，但是如果真的要了解對方和自己，在這裡勢必得有個止步的所在，才有空間想像和思索眼前是怎麼回事。

我們要注意自己的那塊太古石被啟動起來，看似有了更大的力量，但也如同前述佛洛伊德所說的如「巫術般的後設心理學」，好像這些後設心理學的理論的資產，如果以地海巫師裡這段故事來想像，似乎會讓佛洛伊德的說法，有了進一步了解的方式，也就是精神分析理論和其它心理學的後設理論，可能都有著這種潛在的如太古石般的特性。從格得的師父們，以保護的態度來教導格得時，希望格得不只是在幻術的技術上精進，而是得有節制的能力。

佛洛伊德也要分析師節制想要痊癒個案的期待，以節制來說是合理的，但是易被解讀成不能有任何期

一顆石子有著微心大義，那麼精神分析是人造大自然嗎？

待，這當然不可能做得到，所以光有這詞是不夠的，而需要有分層次的經驗和描述。也就是要有更多的命名，讓從完全節制不動如山，到如死寂般的死，這中間是有很多的細節，需要來命名。

對於佛洛伊德來說，id是本能裡的能量，有著生的本能和死亡本能，是一團活生生的能量，可以是生也可以有著死在裡頭，這是來自於天生的，而佛洛伊德在晚年的文章〈有止盡與無止盡的分析〉裡，提到「ego在id旁邊」這種說法，只是說自我站在原我旁，而不是要以自我來壓制或消滅原我，甚至說經過分析後，是否有預防未來不再發生的可能性。他更說那是由於我們無法完全掌控原我，也無法掌控外在環境的因素，而這些也是前述的小說故事情節裡，那種誘惑得以產生的基礎，也許可以使用其它術語來描述，這種誘惑能產生的潛在動力。

在小說，甚至這麼說很有意思，格得的老師歐吉安說，「要是你繼續向前，繼續逃，不管你跑去哪裡，都會碰到危險和邪惡，因為那黑影駕馭著你，選擇你前進的路途。所以必須換你來選擇。你必須主動去追尋那追尋你的東西，你必須主動搜索那搜索你的黑影。」這裡說的是主動性，而佛洛伊德說，自我就

只是站在原我的旁邊，兩者之間是差異或者有可以連結的共同的基礎。

這個故事所說的是「主動性」，在Andre Green的論文《死亡母親》裡提到，某小孩在小時，由於母親憂鬱而變得人在心不在，對於小孩來說，是如同死亡的母親了，而且這種患者也是讓治療關係如同死掉了般，他說在這種情況是無法有心理成長的，他說要主動。雖然他並未詳細的說明，不過至少這裡就存在著，依著個案的情況而需要有不同的態度。例如主動追尋，或在格得的老師歐吉安說的，「你必須轉身」，有轉身才有機會面對於原本是被黑影追著跑。

格得當了大法師的徒弟，原以為可以立刻投入力量的祕境，例如他可以聽得懂獸語及樹葉的語言，可以操控風向，能變換身形，能化為雄鹿，或展開鷹翅。

「但事實遠非所盼，他們閒步前進，往谷區再環山往南，再向西，他們和一般窮酸的術士、乞丐沒有兩樣。……沒有什麼神祕之境，也沒有什麼事情發生，第三、第四天過去了，歐吉安什麼咒法都沒有傳授，也完全沒有教他什麼符文或法術。」

法師歐吉安沉默卻很詳和，格得很快便不畏懼，

　　一顆石子有著微心大義，那麼精神分析是人造大自然嗎？

所以不過一、兩天，他就放心的問師父「老師，我什麼時候開始學藝呢？」

「已經開始了。」

格得：「可是我什麼也沒學到啊！」

師父：「那是因爲你還沒有發現我在教你什麼。」法師膚色暗沉、接近銅褐色，灰髮，清瘦強健如獵犬，堅韌耐勞，他說不多、吃得少、睡得更少、但耳目極其敏銳，面貌常顯出聆聽般的神態。（地海巫師）

這種教學法也許有些玄妙。師父開始教了在日常生活裡實踐，但是學習者卻對什麼是學習，有著不同的想像，而覺得「可是我什麼也沒學到啊！」助人工作者大概最常聽到的也是這句話吧，什麼時候才是眞正的開始學藝呢？尤其是如果我們著重的是，內在心理世界的認識和了解，而不是學會燒柴煮飯這般具體做著什麼。這在禪宗公案故事裡也有常見的教學方式，我在瑞君和淑惠表達想法後，再來與一個禪宗公案的事例來做對比。

他問師父「老師，我什麼時候開始學藝呢？」

師父：「已經開始了。」

格得：「可是我什麼也沒學到啊！」

師父：「那是因為你還沒有發現我在教你什麼。」（地海巫師）

我舉一個禪宗公案故事的教學示範，來對比也讓我們一起來想想精神分析心理治療的詮釋，或認知提示方式的不同。

例如，取自《公案100》（聖嚴法師），有人問慧忠國師得到了什麼佛法，國師反問他：「你見到空中一片雲嗎？」他答：「見到了。」國師說：「釘釘著，懸掛著。」

問者用空中一片雲來形容自己的心境，但真的是自由自在、無牽無掛嗎？他心中還有一片雲哩！他以自由自在為境界、為心的體驗，本身就是執著。好比說，出家人沒有太太而對他人炫耀「我沒有太太耶！」出家人無妻是正常，你卻認為無妻是了不起的事，這就是罣礙。同樣地，問者執著自由自在的境界，那就是他的罣礙。所以慧忠國師說：「你已經在心中把那片雲釘起來了、掛起來了。」表示他尚未得解脫，不曾真正體驗過自在。」

通常我們了解的來自西方的心理學，包括精神

一顆石子有著微心大義，那麼精神分析是人造大自然嗎？

分析，大都是以詮釋或說明是採取直說明示的方式，而這裡以這種玄妙方式，是接近比昂所說的「不飽和的詮釋」，未把事情說死，不是以光來就照死暗的方式，而是有著餘地的方式。這是比昂後來傾向以中世紀的神祕學，來說明自己的臨床經驗，卻招來同儕的嘲諷。不過如禪宗這種教學方式，的確是需要有高智慧，或者在比喻象徵能力很好的人才能有所體會。

格得的師父歐吉安小時候，和多數男孩一樣曾認為利用法術技藝，任意變換身形或人、或獸或樹或雲，如此扮演千百多身分。成為巫師後，他了解到這種遊戲的代價就是，失去自我，遠離真相，一個停留在不是原形的變形中愈久，這個危險就愈大。格得是出於激烈的悲痛與憤怒才變成鷹形，他一路往飛家中，心中只有一個念頭，就是飛離太古石和黑影。隼鷹的憤怒與狂野，原本像是他自己的憤怒與狂野，後來也完全成為他的一直飛著要回家，最後他漸漸忘了自己原本知道的想法，只剩下隼鷹知道的想法：飢餓、風和飛行路線。

「萬物都有名」，歐吉安肯定的說。於那些被釋放出來的邪惡力量，都是沒有名字的，格得尋求師父的建議，如何可以避開黑影的迫害？師父說你「必須

轉身」，什麼是「轉身」呢？因為如果繼續逃，無論怎麼跑都會是黑影的路途上，因此要主動去追尋搜索你的黑影，因為逃跑就只是把力氣花在逃跑上。歐吉安說，一個人終有一天會知道，他所前往的終點，但他如果不轉身，不回到起點，不把起點放入自己的存在中，就不可能知道終點。

　　這些文字是我大略整理，第七章「鷹揚」裡的某些故事和想法，都很有深意值得細想。例如一直扮演他者，就算是巫術久了，也會迷失了自己，忘了自己。這種情況其實在日常生活是常見的，例如對某人特別恨意，整天都沈浸在這種巫術般的處境裡，一心一意幻想著，如何可以讓自己恨意可以聲張，不是不應如此，而是值得細細觀察在這長久的過程裡，自己會變成什麼樣的人，還是原來的自己嗎？或者如小說裡所說的，是為了避開危險，而一路只是避開，只是小說裡所說的逃跑，就算變成鷹可以飛得久遠，但是仍是在原本的恨意的軌道上。這種說法是有趣的，而且也覺得頗合乎日常所見的情況，因此如何轉身是個重要的起點，雖然這是指什麼呢，仍有不少值得細思的。

　　因為當事者如何確定自己是轉身，而不是只是

一顆石子有著微心大義，那麼精神分析是人造大自然嗎？

再度往原本逃亡的軌道上呢？但也的確不是一路逃，才有可能不是一輩子在過著，他人以黑影的方式所駕馭的路徑，也許這些一路的逃跑和應對，以及相關的技藝，會是如同溫尼科特所說的假我的形成軌跡。一直在恐懼黑影裡養成自己的生存技藝，而久而久之卻認同了對方，而忘了自己。也許這也是另一種說法，來想像不少人來治療要找尋自己時，也許是早就認同了他人，而忘了自己的身形，如果有時間，我再來談昨天我和建佑和守宏談論的課題之一。何以人終將死亡，但是起初的恐懼到後來，如果有人可以達到的不再畏生死，那麼這是生命的智慧境界？或是一種脫離了死亡現場的結果呢？

蔡榮裕

精神科專科醫師

前松德院區精神科專科主治醫師

臺灣心理治療個案管理學會理事長

臺灣精神分析學會名譽理事長

臺灣醫療人類學學會會員

高雄醫學大學阿米巴詩社社員

松德院區《思想起心理治療中心》心理治療資深督導

　　一顆石子有著微心大義，那麼精神分析是人造大自然嗎？

與談人：彭明雅

「超文化」一詞，乍聽之下有某種無法觸及或知道的領域存在。網路百科給的釋義：「一種主觀設想出來的，試圖排除各民族的價值標準、習俗、信仰、文學、藝術等的影響的文化。這一概念最初發生在智力測驗編制的過程中，不少研究者試圖編出一些不受任何文化及階級偏見影響的測試題來進行智力測驗，即所謂『超文化智力測驗』（culture free intelligence test），以便對來自各種文化背景的被試均顯得公平和適用。」超文化像是未得到理想的結果（公平和適用），絕不會善罷甘休的魄力，支撐著找尋智慧所在的動能。但事實上，沒有一種測驗能完全排除文化影響：也暗示著「智慧」可能超越語言的範疇。然而智慧究竟在哪裡呢？

「格得有時會歎氣，但從未抱怨。學習每個地方、每樣事物、每個存在的真名，雖然枯燥難解，但格得在這種學習中，看到他所冀求的力量，就像寶石般躺臥在枯涸的井底，因為魔法存在於事物的真名裡。……但格得一直沒忘記：『很多具備雄厚力量的法師，終其一生都在努力尋找一項事物的名字——一

個已然失卻、或隱藏不顯的名字。儘管如此，現有的名字仍未臻完備，就算到世界末日，也還是無法完備。』」（地海巫師，勒瑰恩著，蔡美玲譯，木馬文化出版。）

萬物皆有眞名，哪怕是一座山、一片海、一滴水，在地海巫師中格得被教導唯有知曉眞名才能召喚與控制，然而透露自己眞名也可能陷入危險之中。文字語言彷彿是一切智慧的開端，然而智慧在哪裡？從何而來？故事中格得首先要在孤立塔，一個像是人文公共儲存所，儲存過去到現在文字語言的所在，並在其中汲取萬物的眞名，擁有眞名能夠開啟一個遊戲空間，開始有規則的出現，可能是禁忌或是繁文縟節，後人將常將這些稱作「前人的智慧」繼續傳承。

連結到現今生活中的經驗，知道自己眞名的歷程是個什麼樣的經驗？小寶寶出生尚未命名前，保溫箱上會貼著○○○（母親姓名）之子（女），出生離開母體但沒有眞名之前自己彷彿與母親並未分離，仍是母親的一部分，而有了名字就像是父母給自己在這世上成爲萬物中一員的證明，名字中文字取用的意義更是每個人獨特的故事，姓氏更代表是屬於哪個家族，能讓知道名字的人得以辨別。擁有自己的眞名後，

一顆石子有著微心大義，那麼精神分析是人造大自然嗎？

「我」開始被使用，當母親呼喚名字我會答覆；母親在物品上標記名字就成爲我的東西；母親與他人談論到名字我知道在說關於我的事，因此學習文字是從書寫自己的名字開始。

而爲何在小時候母親照顧的過程中還會出現乳名？甚至長大成人後家人依舊以此稱呼，通常乳名會是取用自己眞名的其中一個字作爲疊字、某些特殊發音或詞彙，讓母親或主要照顧者在日常教養中使用，乳名裡文字的語感常帶有溫柔、安撫的聲音，當母親會喊出完整的眞名常是在可能危險或情緒氣憤的時刻，是處於失控的狀態，欲召喚孩子並阻擋危險或憾事發生，那一刻需要使用眞名。華人含蓄的稱謂文化，亦彰顯在「眞名的使用」，通常避免直呼他人名諱或連名帶姓，那被視爲沒有禮貌、不尊重的行爲，應以對等的稱謂作爲互動時使用，彷彿是這文化特有的遊戲規則，有完整眞名卻在口語互動上不常使用。

我把「文化體驗」這個詞彙當作過渡現象與遊戲的延伸，但是並不確定我有辦法定義文化這個詞彙。……使用「文化」這個詞彙時，我想到代代相傳的傳統。我想可以用「人文公共儲存所」來比喻：無論是個人或團體，都可以對它有所投注貢獻。而且，

既然我們可以在這裡儲存，也就可以在這裡提領、汲取。（遊戲與現實，唐諾‧溫尼考特著，朱恩伶譯，心靈工坊出版。）

「科技始終來自於人性」這是手機品牌Nokia很有名的一句廣告台詞，科技像是為人類服務的，應是配合人們的需求來發展和應用，每支iphone「Siri」的存在即是一個例子，每個使用者發出聲音呼喚Siri僅有自己的手機會有聲音反應，Siri已複製使用者的聲線和音色，就像是專屬的祕書，能夠回應使用者當下的指令，如此呈現出來的功能竟與心智運作有些相似，有一個AI人工智慧能夠準確判讀我的文字語言，並切合主題地回應我，那是一個多麼理想的存在啊！在多數使用者生活中已是不可缺少的。

我們就像被名為「需要」的黑影追趕，每每正面迎戰時便會創造出符合這個「需要」的工具。但是，如果有一天絢爛的資訊科技外衣被褪下，呈現在面前的只是人與人之間坦誠的眼對眼、面對面的互動，此刻的我們，是運用資訊科技具有主體性的「人」，還是淪為被科技役使喪失主體性的「物」呢？而具有主體性的人類心智運作和人際互動想必也會因此受到影響。因科技發達的時代帶來便利性與效率，讓人深深

一顆石子有著微心大義，那麼精神分析是人造大自然嗎？

淪陷其中的神祕力量，智慧型的家電甚至代步工具，都將智慧與知識交付給「無生命體」，取代人類的工作與能力，科技就像是智慧的延伸，有了智慧與知識便能成就一件事、甚至成為一個「人」的可能性，但至今人類的心智運作的價值並非科技能取代。

地海巫師中欲成為法師需透過第一步語言文字學習，而知識與智慧正在其中被複製傳遞著，然而什麼樣的智慧是無法被複製的呢？會在什麼樣的空間存放著，有可能存放在他人身上嗎？讓我想下去的是與客體的「關係」，需要知曉多少程度才能與客體連結，我們在生活中與他人的各種關係，都有著不同的連結方式或維持模式，其中可能含有我們對關係的需求，或想從他人身上獲得些什麼，連結與建立關係的能力當中是否也蘊藏智慧所在的可能？

他明白自己當時躺著不省人事時，假如沒有什麼去碰觸他、沒有從旁召喚他回來，他可能永遠回不來了。多虧那隻獸以他無聲、本能的智慧，舔觸他受傷的同伴，撫慰了他。然而，格得從那份智慧中看到與他內力相仿的東西，是種如巫術般深奧的東西。從那回起格得便相信有智慧的人一定不會與其他生命相離，不管那生命有沒有語言。（地海巫師）

「有智慧的人一定不會與其他生命相離，不管那生命有沒有語言。」從這段話透露出無論能否用語言呈現，似乎仍有未知的智慧在其中等著我們遇見，並且與其他有生命的客體之間有關。甌塔客是隻不會發出任何聲音的罕見獸類，但在格得昏迷時耐心舔觸他的手和腕至有著傷疤的臉頰，在他輕柔的撫觸下，格得開始慢慢動了……。這讓我想到剛出生的孩子完全仰賴父母的回應來理解自己的需求，每個母親安撫嬰兒的能力，或說是「天性」，好像都有不同的方式，有些母親用手輕撫拍背；有些則發出溫柔的哼唱，對於孩子自有一套安撫程式，就像遙控器的按鈕配對，輕觸一按便能對應到解決嬰兒當下需求的按鍵，但因為嬰兒並未有語言能力，或許剛開始也是需要彼此探索的，初次「建立起一種信任關係」的互動，那彷彿是作為人類心智運作、開始儲存並展現智慧的起點。

　　閱讀格得與甌塔客相遇到彼此相知相惜的段落，總讓我感受到與客體之間的情感流動是真實且動人的，是否需要足夠的智慧或心智空間才能與客體相依？讓我想到《小王子》故事的最後，小王子在路上遇到了一隻狐狸，便問狐狸：「你能不能陪我玩？」狐狸婉拒了，並告訴小王子說：「因為我還沒有被訓

一顆石子有著微心大義，那麼精神分析是人造大自然嗎？

養。」小王子滿臉疑惑，狐狸接下去解釋：「對我來說，你只是一個小男孩，就像其他成千上萬的小男孩。我不需要你；你也不需要我。對你，我只是一隻狐狸，就像其他成千上萬的狐狸。可是，如果你訓養了我，我們就需要彼此了。對我，你就是獨一無二的；對你，我也是世界上獨一無二的。」

在茫茫的人海中，你對我來說之所以特別，是因為我們之間的關係和情感，建立與維護關係是透過語言與非語言互動中發生，在自己心裡長成重要的一部分，但是「這些重要的東西都是眼睛看不見的」這句話也意味著我們可能還「不知道」，蔡醫師提及：『欲先回到溫尼科特所說的不知道的狀態，而比昂也有著類似的說法，unknown是人了解人的起點，甚至是終點亦是如此。不過不能只沈浸在「不知道」這個語詞裡，仍得先來嘗試各種想像。』欲「知道」似乎並未僅是語言上的交流，甚或更多是無法言談的，只可保留空間容納想像與未知繼續探尋。

彭明雅

諮商心理師

臺灣心理治療學會秘書

《昱捷診所》諮商心理師

《士林身心醫學診所》合作心理師

一顆石子有著微心大義，那麼精神分析是人造大自然嗎？

後記

　　是一趟驚訝卻收獲豐富的過程，我們以最少的素材，想要探索的卻是難題，精神分析取向裡強調的某種態度，不論是叫做「中立態度」或「分析態度」，它們是什麼呢？我是假設，我們不可能就只依著，這些術語所描繪的那般，來形成我們的態度，除了是訓練過程的身教，那是意在言外的老式師父般的教導，只因精神分析這套東西是外來的。

　　我假設就算英文或外語能再強，畢竟我們都是在台灣這塊地上長大，架構了我們了解這些外來概念的基礎。術語就像方程式的左方的代號，有著右方多項變數因子，加減乘除或平方加上開根號後的結果，因此我們這次和年輕朋友的對話，就以《地海巫師》和溫尼科特的《文化經驗的所在》，做為想像和體會的起點。

　　我們在這本結集裡的想像，當然只是起點。我們是真的相信，精神分析是條永遠的路，但我也相信，需要再回到佛洛伊德當年那般，向其它領域借用

概念和故事，來說明臨床經驗，一如溫尼科特和比昂
（Bion），他們一輩子的工作嘗試和文字說明。

　　精神分析如果有什麼特性，那麼我會覺得它更
是，在不受現實和流行意見所侷限，而仍能不斷的
思考，如同比昂倡議的「思考理論」（Thinking
theory），不斷思考以及在無法思考的地方保持思
考，比思想的內容要停泊在那些想法還要更重要。

　　另，在這裡也感謝張博健、王慈襄、白芮瑜和彭
明雅，他們平時對於薩所羅蘭podcast的轉檔處理，
以及精神分析人間條件系列叢書的校對工作。

（蔡榮裕）

一顆石子有著微心大義，那麼精神分析是人造大自然嗎？

附錄一

【薩所羅蘭】精神分析的人間條件11（以線上視訊方式）

2023.01.15 小說與精神分析（以文會友 [薩所羅蘭的風] 的朋友）

文化是尋找萬物眞正的名字，爲了向它們問候，你好嗎？

：精神分析是神入（empathy）能力召喚塵世的法術嗎？

（娥蘇拉・勒瑰恩《地海巫師》和Winnicott《文化經驗的所在》）

註：娥蘇拉・勒瑰恩《地海巫師》（地海六部曲第一部），譯者：蔡美玲，木馬文化出版。

上午（主持人：蔡榮裕）

報告人：郭淑惠、陳瑞君、陳建佑、王盈彬

與談人：張博健、王慈裏、白芮瑜、彭明雅

下午（主持人：王盈彬）

報告人：黃守宏、劉玉文、劉又銘、蔡榮裕

與談人：張博健、王慈裏、白芮瑜、彭明雅

1.造霧：因爲他需要他自己的名字！

2.喚風：爲什麼危險必然環繞力量？

3.求雨：只能控制精準叫出名字的事物？

4.召雲：法師只有需要時才使用法術！

5.超自然：在書籍和星辰中尋找失落的名字！

6.超寫實：因爲是黑影，所以投射不出黑影！

7.超現實：追趕孩子的靈魂，要把它帶回家！

8.超文化：不管那生命是否有語言，智慧不會和它相
　　離！

1.造霧：因爲他需要他自己的名字！（郭淑惠心理
　　師）（與談人：張博健心理師）

2.喚風：爲什麼危險必然環繞力量？（陳瑞君心理
　　師）（與談人：王慈裏心理師）

3.求雨：只能控制精準叫出名字的事物？（陳建佑醫

一顆石子有著微心大義，那麼精神分析是人造大自然嗎？

師）（與談人：白芮瑜心理師）

4. 召雲：法師只有需要時才使用法術！（王盈彬醫師）（與談人：彭明雅心理師）

5. 超自然：在書籍和星辰中尋找失落的名字！（黃守宏醫師）（與談人：張博健心理師）

6. 超寫實：因為是黑影，所以投射不出黑影！（劉玉文心理師）（與談人：王慈襄心理師）

7. 超現實：追趕孩子的靈魂，要把它帶回家！（劉又銘醫師）（與談人：白芮瑜心理師）

8. 超文化：不管那生命是否有語言，智慧不會和它相離！（蔡榮裕醫師）（與談人：彭明雅心理師）

1. 08:40-09:30 造霧：因為他需要他自己的名字！（郭淑惠心理師）（與談人：張博健心理師）

2. 09:30-10:20 喚風：為什麼危險必然環繞力量？（陳瑞君心理師）（與談人：王慈襄心理師）

3. 10:20-11:10 求雨：只能控制精準叫出名字的事物？（陳建佑醫師）（與談人：白芮瑜心理師）

4. 11:10-12:00 召雲：法師只有需要時才使用法術！（王盈彬醫師）（與談人：彭明雅心理師）
（上午場主持：蔡榮裕／下午場主持人：王盈彬）

5.13:30-14:20 超自然：在書籍和星辰中尋找失落的名字！（黃守宏醫師）（與談人：張博健心理師）

6.14:20-15:10 超寫實：因為是黑影，所以投射不出黑影！（劉玉文心理師）（與談人：王慈襄心理師）

7.15:10-16:00 超現實：追趕孩子的靈魂，要把它帶回家！（劉又銘醫師）（與談人：白芮瑜心理師）

8.16:00-16:50 超文化：不管那生命是否有語言，智慧不會和它相離！（蔡榮裕醫師）（與談人：彭明雅心理師）

一顆石子有著微心大義，那麼精神分析是人造大自然嗎？

附錄二
薩所羅蘭團隊

【薩所羅蘭的山】

陳瑞君、王明智、許薰月、劉玉文、魏與晟

陳建佑、劉又銘、謝朝唐、王盈彬、黃守宏

郭淑惠、蔡榮裕

【薩所羅蘭的風】（年輕協力者）

李宛蓁、魏家璿、白芮瑜、蔡宛濃、曾薏宸

彭明雅、張博健、劉士銘

【薩所羅蘭的山】

陳瑞君

諮商心理師

《過渡空間》心理諮商所所長

臺灣精神分析學會會員

臺灣醫療人類學學會會員

臺灣精神分析學會推薦精神分析取向心理治療師
臺灣精神分析學會《台北》心理治療入門課程召集人
松德院區《思想起心理治療中心》心理治療督導
國立臺灣師範大學教育心理與諮商所博士班研究生
聯絡方式：intranspace@gmail.com

王明智
諮商心理師
臺灣精神分析學會會員
《小隱》心理諮商所所長
臺灣精神分析學會推薦精神分析取向心理治療師
臺灣精神分析學會影音小組召集人
松德院區《思想起心理治療中心》心理治療督導

許薰月
諮商心理師
巴黎七大精神分析與心理病理學博士候選人

劉玉文
諮商心理師
看見心理諮商所 治療師
亞洲共創學院 總經理/資深職涯顧問
臺灣精神分析學會會員

  一顆石子有著微心大義，那麼精神分析是人造大自然嗎？

魏與晟

臺北市聯合醫院松德院區諮商心理師

臺灣精神分析學會會員

精神分析臺中慢讀學校講師

松德院區諮商心理實習計畫主持

國立臺北教育大學心理與諮商研究所碩士

謝朝唐

精神科專科醫師

中山大學哲學碩士

巴黎七大精神分析與心理病理學博士候選人

劉又銘

精神科專科醫師

台中佑芯身心診所負責人

臺灣精神分析學會推薦精神分析取向心理治療師

精神分析臺中慢讀學校講師

聯絡方式：alancecil.tw@yahoo.com.tw

陳建佑

精神科專科醫師

臺灣精神分析學會會員

精神分析取向心理治療師

高雄市佳欣診所醫師

聯絡方式：psytjyc135@gmail.com

王盈彬

精神科專科醫師

精神分析取向心理治療師

臺灣精神分析學會理事

臺灣心理治療個案管理學會理事

臺灣精神醫學會會員

臺灣精神分析學會《台南》心理治療入門課程召集人

英國倫敦大學學院理論精神分析碩士

王盈彬精神科診所暨精神分析工作室主持人

聯絡方式：https://www.drwang.com.tw/

黃守宏

臺北醫學大學附設醫院精神科暨睡眠中心主治醫師

臺北醫學大學醫學系專任講師

臺北醫學大學學生事務處學生輔導中心主任

臺灣心理治療個案管理學會理事

臺灣精神分析學會會員

臺灣精神分析學會台北春秋季班講師

松德院區《思想起心理治療中心》心理治療督導

美國匹茲堡大學精神研究中心訪問學者

郭淑惠

諮商心理師

新竹《心璞藝術》心理諮商所所長

  一顆石子有著微心大義，那麼精神分析是人造大自然嗎？

精神分析取向心理治療師
臺灣精神分析學會會員
臺灣藝術治療學會專業會員
松德院區«思想起心理治療中心»心理治療師
台北市立大學教育學系教育心理與輔導組博士
聯絡方式：xinpu48@gmail.com

蔡榮裕

精神科專科醫師
前松德院區精神科專科主治醫師
臺灣心理治療個案管理學會理事長
臺灣精神分析學會名譽理事長
臺灣醫療人類學學會會員
高雄醫學大學阿米巴詩社社員
松德院區《思想起心理治療中心》心理治療資深督導
聯絡方式：roytsai49@gmail.com

附錄三
薩所羅蘭的風（參與此次活動者）

張博健
　　精神分析取向臨床工作者
　　諮商心理師證照
　　聯絡方式：
　　bojianchang@gmail.com

王慈襄
　　諮商心理師
　　臺北榮民總醫院向日葵學園（兒童青少年日間病房）特教
　　個管老師
　　中國文化大學心理輔導學系碩士
　　國立台灣藝術大學美術學系學士

白芮瑜
　　國立臺灣大學 心輔中心 專任心理師
　　古意心理諮商所 諮商心理師
　　臺灣心理治療個案管理學會秘書長

　　　　一顆石子有著微心大義，那麼精神分析是人造大自然嗎？

彭明雅

諮商心理師

臺灣心理治療學會秘書

《昱捷診所》諮商心理師

《士林身心醫學診所》合作心理師

國家圖書館出版品預行編目資料

一顆石子有著微心大義，那麼精神分析是人造大自然嗎？/郭淑惠、陳瑞君、
陳建佑、王盈彬、黃守宏、劉玉文、劉又銘、張博健、王慈襄、白芮瑜、彭明
雅、蔡榮裕合著． --初版.--臺北市：薩所羅蘭分析顧問有限公司，2023.8
　　面；　　公分---【薩所羅蘭】精神分析的人間條件 10
　ISBN 978-626-97100-4-1（平裝）
　1.CST: 精神分析　2.CST: 文學評論
　175.7　　　　　　　　　　　　　　　　　　　　　　112009012

【薩所羅蘭】精神分析的人間條件 10

一顆石子有著微心大義，
那麼精神分析是人造大自然嗎？

作　　者　郭淑惠、陳瑞君、陳建佑、王盈彬、黃守宏
　　　　　劉玉文、劉又銘、張博健、王慈襄、白芮瑜
　　　　　彭明雅、蔡榮裕
校　　對　白芮瑜、彭明雅
發 行 人　陳瑞君
出版發行　薩所羅蘭分析顧問有限公司
　　　　　106480 台北市大安區復興南路二段285號3樓之1
　　　　　電話：0928-170048
設計編印　白象文化事業有限公司
　　　　　專案主編：陳逸儒　經紀人：張輝潭
經銷代理　白象文化事業有限公司
　　　　　412台中市大里區科技路1號8樓之2（台中軟體園區）
　　　　　出版專線：（04）2496-5995　　傳眞：（04）2496-9901
　　　　　401台中市東區和平街228巷44號（經銷部）
　　　　　購書專線：（04）2220-8589　　傳眞：（04）2220-8505
印　　刷　基盛印刷工場
初版一刷　2023年8月
定　　價　350元

缺頁或破損請寄回更換

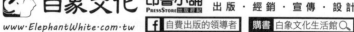